유튜브의 神

1인 크리에이터들의 롤모델
대도서관이 들려주는
억대 연봉 유튜버 이야기

유튜브의 神^신

대도서관 지음

비즈니스북스

정리 **한진아** 여성지 자유기고가를 거쳐 육아전문기자로 일했다. 최근에는 어린이 책을 집필하면서 프리랜서 스토리 디렉터 Story Director로 일하고 있다.

유튜브의 神

1판　1쇄 발행　2018년　5월 10일
1판 29쇄 발행　2022년　9월　7일

지은이 | 대도서관
발행인 | 홍영태
발행처 | (주)비즈니스북스
등　록 | 제2000-000225호(2000년 2월 28일)
주　소 | 03991 서울시 마포구 월드컵북로6길 3 이노베이스빌딩 7층
전　화 | (02)338-9449
팩　스 | (02)338-6543
대표메일 | bb@businessbooks.co.kr
홈페이지 | http://www.businessbooks.co.kr
블로그 | http://blog.naver.com/biz_books
페이스북 | thebizbooks
ISBN 979-11-6254-016-9　03320

유튜브의 신을
꿈꾸는 당신을 위하여

당신이야말로 유튜브의 신이 될 수 있다

小재능이 만든 大도서관

여기, 한 아이가 있다. 그 아이는 오락실 2인용 게임기 앞에 친구와 나란히 앉아 있다. 깡마른 체격의 아이는 손을 부지런히 놀리고 있는데, 사실은 손보다 입이 더 바쁘다. 게임 중계하랴, 캐릭터를 대신해 기합 넣으랴, 입이 10개라도 모자랄 판이다. 같이 게임하던 친구가 낄낄대느라 실수를 연발하면 아이는 더 신이 나서 입에 모터라도 단 듯 떠들어댄다.

"게임 깨는 게 뭐가 중요해? 드립이 중요하지!"

게임을 좋아하고, 게임하면서 수다 떠는 건 더 좋아하던 이 아이는 23년 후 1인 크리에이터 '대도서관'이 된다.

"직장 때려치우고 인터넷 방송을 한다고? 그것도 게임 방송을?"

"야, 남이 게임하는 영상을 누가 봐? 그게 뭔 재미가 있어?"

"헛꿈 꾸지 말고, 그냥 다니던 회사나 열심히 다녀. 부모님이 살아계셨으면 얼마나 속상해하시겠냐."

2010년 내가 직장을 그만두고 인터넷 방송을 한다고 하자 주변에서는 혀를 끌끌 차며 만류했다. 세상이 달라지고 있다, 인터넷 방송은 앞으로 크게 성장할 분야다, 내 적성에 잘 맞고 잘할 자신 있다며 아무리 말해도 소용없었다.

첫 1년은 대도서관의 가능성을 시험한 시기, 다른 말로 하면 땡전 한 푼 벌지 못한 배고픈 시기였다. 하지만 2년 후에는 유튜브 광고 수익이 월 1,000만 원을 넘어섰고, 5년이 지난 지금은 유튜브를 통해 연 17억 원에 달하는 수익을 올리고 있다. 현재 내 채널의 구독자 수는 170만 명이 넘고, 누적 조회 수는 10억 뷰, 누적 시청 시간은 1억 5,000만 시간에 달한다. 유치원생부터 산골 할머니까지 누구라도 알아보는 국민 스타는 아니지만, 적어도 유튜브 이용자들에게 대도서관은 '1인 미디어의 선구자'로 불린다.

누구나 작지만 소중한 재능 하나씩은 갖고 있다

자, 또 어떤 아이가 보이는가. 엄마 화장대 앞에서 몰래 립스틱을 발라보는 아이, 호기심이 많아 어른이 하지 말라는 짓만 골라서 하는 아이, 수업시간에 선생님 눈을 피해 만화책 삼매경에 빠진 아이, 음악만 나오면 몸이 저절로 반응하는 아이, 수학 공부가 세상에서 제일 재미있는 아이, 입만 열면 주변 사람들을 뒤로 넘어가게 하는 입담 좋은 아이, 손재주가 좋아 뭐든 뚝딱뚝딱 만들어내는 아이, 만화 캐릭터를 기가 막히게 따라 그리는 아이, 이도 저도 아닌 그냥 조용한 아이, 존재감은 없지만 늘 꿈꾸는 눈을 하고 있는 아이….

이 모든 아이들이 자라서 '유튜브의 신'이 될 수 있다. 친구와 2인용 게임을 하며 신나게 떠벌리던 열 살 꼬마가 그랬던 것처럼 작은 재능으로, 남들 눈에는 쓸데없어 보이는 취미 하나로 전 세계 사람들을 울리고 웃기는 콘텐츠를 만드는 사람이 될 것이다.

아이들뿐 아니라 어른도 마찬가지다. 지금 어디서 무엇을 하고 있는지는 중요하지 않다. 평범하고 성실한 직장인, 할 일 없는 동네 백수, 아이돌에 열광하는 팬덤, 지름신 강림에 번번이 굴복하는 쇼핑광… 그 누구라도 유튜브 세계는 환영한다. 내가 늘 하는 말이지만, 누구한테나 대박 콘텐츠 하나씩은 있는 법이다. 내가 남보다 손톱만큼이라도 더 잘 알거나 잘하는 분야, 또는 열광하는 분야가 있다면 누구라도 유튜브의 신이 될 수 있다.

지금 잘나가는 1인 크리에이터들을 보라. 장난감 채널을 운영하는 꾹TV는 장난감 모으기가 취미였다. 뷰티 크리에이터 씬님은 뷰티 블로그를 운영하던 평범한 대학생이었고, 허팝은 호기심 충만한 학창 시절을 보낸 직장인이었다. 나는 또 어떤가. 나야말로 스펙은커녕 변변한 대학 졸업장도 없이 게임과 영화에만 푹 빠져 빈둥빈둥 백수로 살던 사람이다. 평범하게 직장생활을 몇 년 한 끝에 어떤 시인이 '이대로 살 수도, 죽을 수도 없는' 나이라던 서른 살을 훌쩍 넘겨서야 유튜브에 입문했다.

누구는 유튜브가 이미 레드오션이라고 하고, 또 누구는 그까짓 유튜브 해봤자 소용없다고 평가절하한다. 하지만 나는 생각이 다르다. 유튜브 세상은 제로섬이 아니기에 아직도 무궁무진한 기회들이 숨을 쉬고 있다. 재능, 관심사, 취미, 전문성이 있다면 누구라도 유튜브에 도전할 수 있다. 거기에 성실함까지 더해진다면 만렙을 찍고, 당신이야말로 유튜브의 신이 될 수 있다.

1인 크리에이터가 되기 위해 알아야 할 중요한 것들

내가 입이 닳도록 말하고 또 말하는 '유튜브 성공 비결'은 아주 간단하다. "생방송 말고 편집 방송으로 시작하되, 내가 관심 있고 잘할 수 있는 분야를 지속가능한 콘셉트로 기획해 일주일에 최소 두 편씩 1년간 꾸준히 업로드하라!" 말은 간단하지만, 막상 해보면 쉬운 일이 아니다. 일단 일주일에 두 편씩 지치지 않고 동영상을 제작하기란 쉽지 않다. 그래서 인기에 편승하는 핫한 아이템을 따르기보다 자기가 좋아하고 관심 있는 분야로 채널을 만드는 것이 무엇보다 중요하다. 늘 하던 대로 자신의 취미생활을 하되 그것을 동영상으로 기록한다는 마음가짐으로 해야 크리에이터 본인도 지치지 않고 아이디어 고갈에 대한 걱정 없이 2년 이상 콘텐츠를 제작할 수 있다.

유튜브가 돈이 된다는 소문에 귀가 솔깃해져, 자극적인 반짝 동영상 하나로 대박을 치리라 마음먹으면 역설적이게도 절대 돈을 벌 수 없다. 왜일까? 일단 유튜브에서 광고 수익을 올리려면 '구독자 수 1,000명 이상, 지난 12개월 동안 시청 시간 4,000시간'이라는 두 가지 조건을 충족해야 한다.

더군다나 조회 수가 높다고, 자극적인 영상에 비싼 광고를 달아줄 만큼 유튜브의 광고 시스템은 호락호락하지 않다. 화끈하고 자극적인 동영상 1~2개로는 아예 수익 창출 자체가 불가능하다는 뜻이다. 1인 크리에이터가 돈보다 재미와 성취감을 얻으려 할 때, 시청자와 공감하려는 진정성을 갖고 있을 때 비로소 1년 이상 동영상을 제작할 원동력이 생기고, 억대 수익의 길도 보장된다. 신입 유튜버 대부분이 6개월도 안 돼서 포기한다는 사실을 아는가?

나도 처음부터 잘하지는 않았다. 책을 쓰다 보니 내가 대단한 통찰력을 발휘해 유튜브에서 성공한 것 같지만 절대 그렇지 않다. '대도서관'이라는 닉네임을 단 이후 내가 내딛는 한 걸음, 한 걸음은 망설임과 실수, 시행착오의 발자국이었다. 누구라도 유튜브에 들어올 수 있다고 손을 내밀고, 함께 유튜브를 하자고 동네방네 떠들고 다닌 사람으로서 이제 막 유튜브에 첫 발을 내디딜 초보자들이 조금이라도 시행착오를 줄일 수 있으면 좋겠다는 마음으로 이 책을 썼다.

1인 크리에이터로서 지난 8년 동안 내가 배우고 깨달은 모든 것이 이 책에 담겨 있다. 하지만 스킬을 익히려는 사람이라면 조금 실망할지도 모르겠다. 나는 스킬보다는 1인 크리에이터로서 어떤 마음가짐을 가져야 하는지, 어떻게 해야 유튜브를 통해 큰 성취감과 '소확행'(작지만 확실한 행복)을 얻을 수 있는지를 말하고 싶었다. 부디 이 책을 통해 유튜브를 시작하고 싶어 엉덩이가 들썩들썩하는 사람이 많아졌으면 좋겠다.

늘 나와 함께하는 엉클대도와 CJ E&M 여러분, 책이 나오기까지 고생해준 비즈니스북스 관계자 여러분, 그리고 아내 윰댕 님에게 감사를 전한다. 마지막으로 무려 1억 5,000만 시간을 대도서관과 함께해준 대청자들에게 고맙다는 인사를 하고 싶다. 앞으로도 대도서관은 허세 작렬의 허당 캐릭터겠지만, 시청자들 사랑에 늘 성실함으로 보답하겠다는 약속을 드린다.

유튜브 세상에 이제 막 첫 발을 내딛는 당신에게 유튜브 신의 포스가 함께하길!

2018년 5월
대도서관

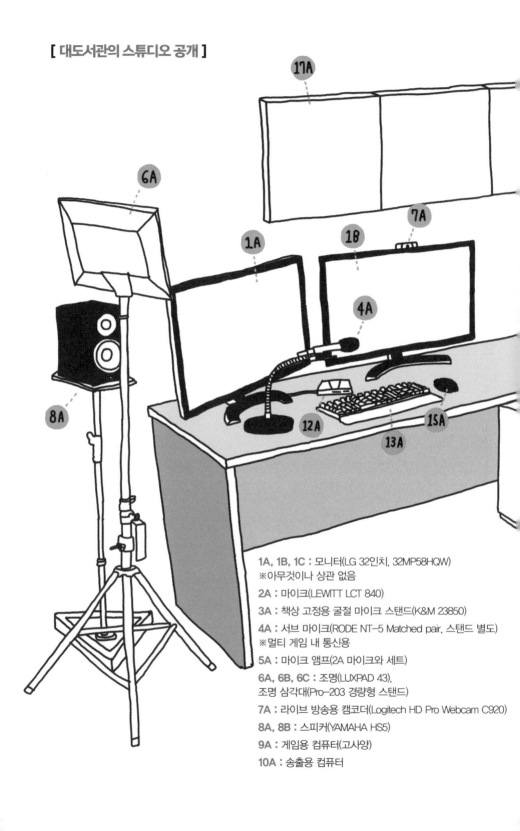

[대도서관의 스튜디오 공개]

1A, 1B, 1C : 모니터(LG 32인치, 32MP58HQW)
※아무것이나 상관 없음

2A : 마이크(LEWITT LCT 840)

3A : 책상 고정용 굴절 마이크 스탠드(K&M 23850)

4A : 서브 마이크(RODE NT-5 Matched pair, 스탠드 별도)
※멀티 게임 내 통신용

5A : 마이크 앰프(2A 마이크와 세트)

6A, 6B, 6C : 조명(LUXPAD 43),
조명 삼각대(Pro-203 경량형 스탠드)

7A : 라이브 방송용 캠코더(Logitech HD Pro Webcam C920)

8A, 8B : 스피커(YAMAHA HS5)

9A : 게임용 컴퓨터(고사양)

10A : 송출용 컴퓨터

11A, 11B : 오디오 인터페이스 1, 2(TASCAM UH-7000)

12A, 12B : 외장형 캡처카드 1, 2(AVerMedia Live Gamer Portable 2)

13A : 게임용 키보드(CORSAIR K70 Rapid Fire 기계식)
※키보드 소리가 마이크로 들어가므로 소리가 덜 나는 은축이 적당

14A : 방송 송출용 키보드 ※남는 것 사용해도 무방

15A : 게임용 마우스(Logitech G502)

16A : 방송 송출용 마우스 ※남는 것 사용해도 무방

17A : 흡음 패드(SORIGIO) ※방 울림을 잡아야 마이크 소리가 울리지 않음

※당부 : 대도서관의 생방송 스튜디오를 재현한 방으로 똑같이 비싼 제품을 사용하지 않아도 괜찮습니다.

일러스트 민효인(hyoinmin@gmail.com)

[게임 생방송용 투 컴 연결 도면]

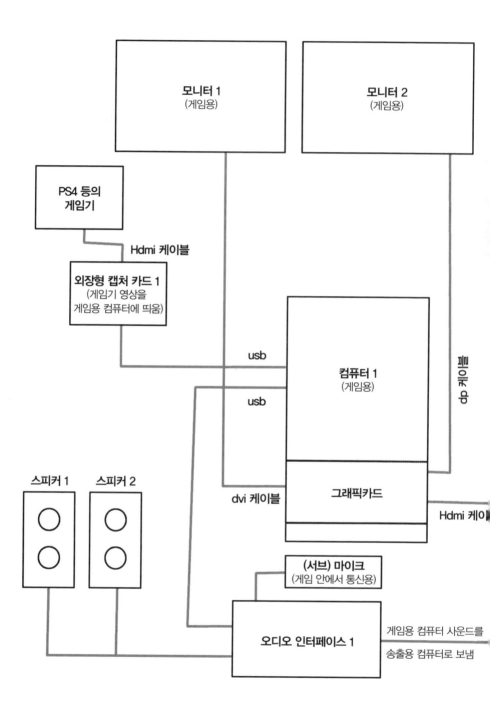

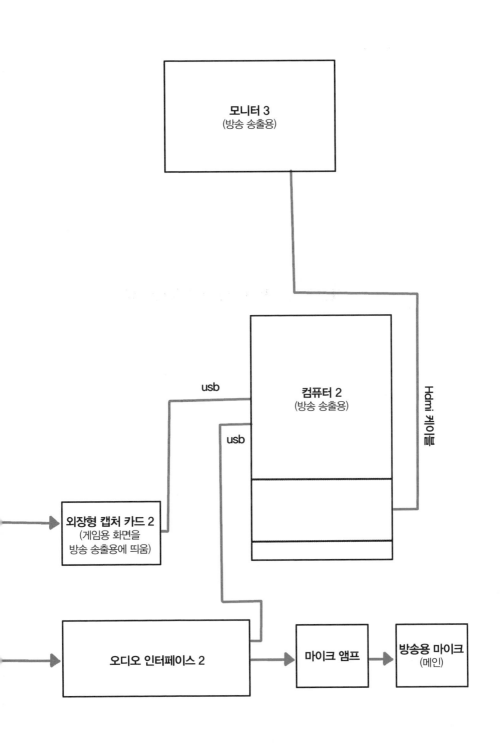

[Contents]

부록 **대도서관과 함께 만드는 유튜브 대박 콘텐츠**
: 기획부터 마케팅까지, 대도서관이 일대일 코칭한다!

Chapter 1

디지털 노마드 시대,
1인 브랜드가 답이다

: 스스로 만든 일자리에서
신나게 일하는 사람들

디지털이 만든 유통의 혁명, 1인 브랜드 시대를 열다

"에라, 모르겠다. '대도서관'으로 하자, '대도서관'!"

2010년 가을, 다음TV팟 첫 방송을 준비하던 나는 재판관이 법봉을 내리치듯 손바닥으로 책상을 쾅쾅 쳤다. 방송 준비는 진작 끝났는데, 마음에 드는 닉네임이 떠오르질 않아 고민하던 참이었다.

'대도서관'은 게임 〈문명 V〉에 등장하는 불가사의 건축물 '알렉산드리아 도서관'의 애칭이다. 게임에서 대도서관을 지으면 과학 기술을 공짜로 얻을 수 있기 때문에 플레이어라면 누구나 지으려고 하는 건축물이다. 마침 내가 첫 방송에서 선보일 게임이 〈문명 V〉이기도 했고, 무엇보다 닉네임 때문에 더는 시간을 허비하고 싶지 않아 '대도서관'으로 결정해버렸다.

골치를 썩이던 닉네임이 해결되었으니 드디어 방송 준비 완료다! 처음부터 인터넷 생방송에는 게임이 가장 적합하다고 판단했다. 게임 화면을 내보내면 얼굴을 공개하지 않아도 되고, 게임 타이틀만 바꿔가며 지속적으로 방송할 수 있기 때문이다. 처음 플레이할 게임은 두 번 생각할 것도 없이 〈문명Ⅴ〉. 내가 좋아하는 시리즈이자 당시 가장 화제몰이를 하던 게임이었다.

문제는 〈문명Ⅴ〉를 재미있게 풀어내기 위해 어떻게 하느냐에 있었다. 게임은 좋아해도 실력이 프로게이머 수준은 아니어서 게임 실력을 뽐내거나 게임 공략법을 소개하는 방송은 승산이 없어 보였다. 대신 스토리텔링과 입담으로 승부를 보기로 했다. 화려한 입담과 이야기를 만들어가는 능력이야말로 나의 특기 아니던가. 백수 시절 하루에 비디오를 서너 편씩 보고, 세이클럽 라디오 방송 DJ를 하면서 단련한 비장의 무기였다.

입담과 스토리텔링으로 재미를 노리되, 어디까지나 '유쾌한 재미'면 좋겠다고 생각했다. 인터넷 생방송이 욕설, 막말, 선정성으로 하루가 멀다 하고 뭇매를 맞던 시절이라 특히 그랬다. 그런 방송을 하면 돈은 벌지 몰라도 나중에 얼굴을 들고 다닐 수 없을 것 같았다. 그래야만 후에 더 잘될 거라 확신했다.

나동현 사원, 1인 브랜드 대도서관이 되다

오래된 컴퓨터를 켜고 드디어 첫 방송 시작! 대본 한 줄 없었지만, 신기하리만치 떨리지도 긴장되지도 않았다. 단지 빌라가 낡아서 층간소음이 걱정이었다.

"누님, 제가 왔습니다. 옥수수 하나만 주세요."

부자 나라에 가면 굽신굽신하고 가난한 나라에 가면 거드름 피우는 연기를 하며 정신없이 떠들다 보니 어느새 4시간이 훌쩍 지나 있었다. 방송을 마친 뒤 컴퓨터를 끄고 뒤로 벌렁 누웠다. 방송이 끝났다는 게 실감나지 않았다. 아직도 몸에 열기가 가득했다. 다음 날 출근 걱정만 없다면 날이 밝을 때까지 방송을 할 수 있을 만큼 신나고 재미있었다. 느낌이 왔다.

'이거다! 내가 남보다 잘할 수 있는 일, 죽을 때까지 싫증내지 않고 신나게 할 수 있는 일을 드디어 찾았다!'

이후 며칠 동안 방송을 하면서 예감은 확신이 되었다. 저녁 8시부터 자정이 훌쩍 넘은 시간까지 쉴 새 없이 떠들어댔지만 지치기는커녕 힘이 솟았다. 시청자 반응도 점점 뜨거워졌다. 스토리텔링을 접목해서인지 여자 시청자가 압도적으로 많았다. 덕분에 채팅창 분위기가 화기애애했다. 욕설과 비방과는 거리가 먼, 청정 채팅창이었다.

그리고 방송 시작 일주일 만에 드디어 일이 터졌다. 처음에는 60~70명 수준이었던 시청자 수가 점차 느는가 싶더니 마침내 최대 수용 인원 1,000명을 꽉 채웠다. 게임 캐릭터인 간디에게 회심의 핵폭탄을 날렸다가 도리어 대패하는, 누구도 예상하지 못한 일이 일어났고, 그것이 방송된 직후였다. 잘될 거라는 예상은 했지만 이 정도로 빨리 반응이 올지는 몰랐다.

혹시나 하는 마음에 인터넷에 '대도서관'을 검색해보았다. 놀랍게도 일부 시청자가 내 방송에서 재미있는 구간을 클립으로 만들어 공유하고 있었다. 그리고 내 방송이 가장 화제가 되는 공간은 여성 카페였다. 욕설도 음담패설도 안 하는 '유교 방송'인데 재미는 끝내준다는 칭찬이 줄줄이 이어졌다. 일부 시청자는 허세를 부리는 캐릭터라며, 나를 '허세문명'이라는 별명으로 부르고 있었다.

참, 별명이 하나 더 있었다. '문명중기'('문명'하는 송중기). 목소리가 송중기 씨와 비슷해서 붙인 별명이라고 했다. 남자 연예인에는 관심이 덜했던 터라 당시에는 송중기 씨가 누군지 잘 몰랐다. 막상 검색해보고는 얼마나 난감했는지! 나와 목소리도 달랐지만, 무엇보다 외모가 심각하게 달랐다.

"여러분, 저 잘생기지 않았어요. 얼굴은 기대도 하지 마세요."

방송으로 수차례 경고(?)했지만, 상상은 자유라고 했던가! 내 외모에 대한 시청자들의 기대치는 쉬이 낮아지지 않았다. 이후 마이크를 교체하니 송중기 씨와 목소리가 비슷하다는 의견은 점차 사그라들었다. 얼마나 다행인지…. 역시 마이크가 좀 이상했던 모양이다. 그리고 본격적으로 얼굴을 공개하는 방송을 시작하자 '문명중기'라는 별명은 영영 사라져버리고 말았다.

인터넷 방송 일주일 만에 간디 영상이 크게 히트를 치자 중대한 갈림길에 놓였다. 직장에 다니며 하루 4시간 생방송을 하는 것은 여러모로 무리였다. 인터넷 생방송이냐 직장이냐, 둘 중 하나를 선택해야만 했다. 당시 나는 대기업에 다니고 있었다. 그런데 다음TV팟은 수익 구조가 전혀 없었기 때문에 직장을 그만두면 빈털터리가 되는 건 시간 문제였다. 모아둔 돈도, 기댈 가족도 없었다.

그래서 오히려 결단이 더 쉬웠는지 모른다. 내 한 몸만 건사하면 된다는 생각이 모험심에 불을 지폈다. '대도서관'이라는 브랜드로 내가 얼마나 성장할 수 있을지, 그 도전이 나를 어디로 데려갈지 궁금했다. 온몸으로 돌파하며 확인해보고 싶었다.

"그래, 사표를 쓰자. 그리고 '대도서관'으로 살자!"

평범한 대기업 사원 나동현이 1인 브랜드 대도서관으로 다시 태어나는 순간이었다.

나의 가치를 담은 퍼스널 브랜딩, 대도서관의 시작

고등학생 때 아버지가 돌아가시면서 가정형편이 더 기울어 대학 진학을 포기했다. 몇 년 백수로 빈둥대기도 했지만, 이후로는 직업 운이 술술 풀렸다. 제대 후 우연히 인터넷 강의 관련 IT 업체에서 아르바이트를 하다가 정식 직원으로 채용되었다. 얼마 뒤에는 그 경력을 기반으로 SK커뮤니케이션즈에도 입사했다. 스펙도 학벌도 없이 대기업 사원이 된 것이다. 몇 년간 신나게 일했다.

직장 내에서 능력도 인정받았고, IT 업계의 최신 흐름을 읽는 안목도 익혔다. 하지만 동시에 한계도 느꼈다. 직장 내에서 학벌로 차별받은 적은 없지만, 대기업에서는 나의 미래가 보이지 않았기 때문이다.

그맘때 국내에 창업 붐이 거세게 불었고, 나도 그에 편승해 본격적으로 창업 공부를 시작했다. 내가 주목한 것은 인터넷 플랫폼의 변화였다. 당시 외국에서는 트위터와 페이스북 열풍이 한창이었다. 반면 국내에서는 이 새로운 플랫폼에 거의 관심을 기울이지 않았다. 구글마저 큰 성과를 못 거두던 때라 한국에서 외국 플랫폼은 안 먹힌다는 선입견이 팽배해 있었다.

하지만 나는 생각이 조금 달랐다. 이런 새로운 형태의 SNS 서비스가 국내에서도 가능성이 있을 거라 판단했다. 당시 인기였던 싸이월드는 비유하면 내가 누군가의 집을 방문해 소통하는 플랫폼이었다. 반면 트위터나 페이스북은 남의 집을 일일이 돌아다니지 않고 내 집 안방에 가만히 앉아 있어도 타인과의 소통이 가능하다. 내가 누군가를 팔로우하면 그 사람의 게시물이 내 계정으로 날아오기 때문이다. 발품을 팔며 일일이 찾지 않아도 내 취향과 관심사에 맞는 정보가 저절로 굴러들어오는 셈이다.

이것은 실로 어마어마한 변화다. 나는 SNS 서비스가 국내에서도 곧 열풍을 일으킬 것이며, 삶의 많은 부분에 변화를 가져오리라 직감했다. 그리고 이 변화의 파도를 제대로만 타면 큰 성공을 거둘 것이라고 확신했다. 문제는 자금이 없다는 데 있었다. 학벌도 스펙도 변변치 않은 일개 사원을 누가 어떻게 믿고 돈을 투자하겠는가. 야간대학이라도 다니며 배경을 만들어보라는 사람도 있었지만 그렇게 하지 않았다. 그래봤자 시간만 허비할 뿐 큰 이득이 없을 거라 판단했기 때문이다.

고민 끝에 내린 결론은 '퍼스널 브랜딩'Personal Branding이었다. 집안, 배경, 스펙, 학력, 소속 등에 얽매이거나 집착할 게 아니라 내 이름 석 자를 브랜드로 만들어야 한다고 판단했다. 예를 들어 누군가가 "저는 ○○일보 ○○○ 기자입니다."라고 자기를 소개하며 인터뷰를 요청한다면 어떨까?

대개는 기자 이름이 아니라 소속 신문사를 보고 인터뷰에 응할지 말지를 결정한다. 하지만 인터뷰어가 1인 브랜드로서 자기 가치를 확실히 정립한 사람이라면? 그 사람 이름 석 자만으로 마음의 결정을 하게 될 것이다.

당시는 퍼스널 브랜딩의 수단으로 블로그를 이용하는 사람이 많았다. 나도 티스토리 블로그에 버즈빈buzzbean이라는 아이디로 IT 업계 관련 글을 게시해보았는데, 생각보다 반향이 크지 않았다. 다음 수단으로 떠올린 후보는 인터넷 카페였만, 왠지 내 성향과는 잘 안 맞을 것 같았다.

IT 동향에 밝았던 나는 이미 해외에는 유튜브를 이용한 퍼스널 브랜딩 사례가 많다는 것을 알고 있었다. 개인이 직접 기획하고, 촬영과 편집을 한 동영상으로 유튜브에서 엄청난 광고 수익을 거두고 있다는 이야기도 들었다. 통신 속도와 환경의 변화로 인해 텍스트나 이미지를 소비하는 시대에서 동영상을 소비하는 시대로 바뀌리라는 걸 예감했다.

이런 변화에 따라 퍼스널 브랜딩 전략도 달라져야 했다. 마침 이전에 다니던 회사에서 인터넷 강의와 관련해 기획, 촬영, 편집 등을 해본 경험이 있어 동영상 제작은 힘들 것이 없었다. 하지만 해외와 달리 국내에서는 유튜브가 고전을 면치 못하고 있다는 점이 문제였다.

동영상을 유튜브에 올린다 해도 수익을 거두기는커녕 봐줄 사람조차 거의 없는 실정이었다. 시간이 흐르면 언젠가 국내에도 유튜브 개인 수익화 모델이 도입되겠지만, 멍하니 앉아 기다리고 있기에는 마음이 바빴다.

그때 인터넷 생방송이라는 새로운 플랫폼이 눈에 띄었다. 1인 브랜드로서 나 자신의 가능성을 타진하기에 안성맞춤인 분야였다. 예전에 세이클럽 라디오 방송에서 DJ를 한 경험이 있어 방송 진행에도 자신이 있었다. 당시 인터넷 생방송 절대 강자는 아프리카TV였지만, 돈벌이가 아니라 퍼스널 브랜드 구축이 목적인 내게 아프리카TV는 좋은 선택이 아니었다. 수익 구조가 없고 규모가 작아도 일단 다음TV팟에서 1인 브랜드 만들기에 도전해보기로 했다.

창업에 대한 고민을 시작하고 1년 만에 드디어 1인 브랜드로서 첫 발을 내디뎠다. 나동현의 1인 브랜드, 대도서관은 이렇게 시작되었다.

디지털 플랫폼이 일으킨 유통 혁명, 주인공은 1인 브랜드

얼마 전까지만 해도 1인 브랜드로 영향력을 발휘하려면 잘나가는 연예인이나 언론에 자주 노출된 전문가 정도는 되어야 했다. 하지만 요즘은 연예인이 아니어도 누구나 1인 브랜드로서 영향력을 행사할 수 있다. 인터넷을 통해 누구라도 쉽게 정보를 생산·가공하고 의견을 피력할 수 있기 때문이다. 예전에는 TV가 개인에게 영향력과 권위를 부여했지만, 요즘은 개개인이 다양한 디지털 플랫폼을 이용해 직접 대중을 상대하면서 자기 영향력을 만들어간다.

디지털 플랫폼은 이제 거대한 시장이다. 지금도 이름 없는 수많은 개인들이 디지털 플랫폼에서 1인 브랜드로서 소비자를 직접 만나고 있다. 예전에는 작가가 되려면 누군가의 도움이 있어야 했다. 글을 아무리 잘 쓰는 사람이라도 독자에게 읽힐 수 없다면 작가가 될 수 없었다. 독자에게 자신의 글을 읽히려면 책을 만들어야 하는데, 그러기 위해서는 책을 출판해줄 곳이 필요했다. 또 교정교열과 편집, 디자인, 유통, 홍보 등을 도와줄 전문가도 있어야 했다.

하지만 지금은 다른 사람의 도움 없이도 자기 글을 독자에게 선보일 수 있는 시대다. 디지털 플랫폼이 작가와 독자를 직접 연결하기 때문이다. 실력만 있으면 누구라도 작가가 될 수 있고, 1인 브랜드로서 자기 가치를 증명할 수 있다.

내가 만드는 게임 예능 방송도 마찬가지다. 예전이라면 내 방송은 절대 시청자와 만나지 못했을 것이다. 일반인이 진행하는데다, 게임을 소재로 하는 예능이다. 생방송일 경우에는 4시간에 달하고, 편집 영상은 짧게는 2분에서 길면 1시간으로 분량이 들쭉날쭉하다. 이런 프로그램을 편성해줄 방송사는 아마 없을 것이다. 하지만 지금은 상황이 다르다.

나는 현재 유튜브라는 플랫폼에서 생방송을 통해 매일밤 1~2만 명에 달하는 시청자를 만나고 있다. 그리고 유튜브에 올리는 편집 영상은 매일 100만 조회 수를 기록한다. 삼성동에 있는 내 방에서 생산한 콘텐츠를 전 세계가 함께 소비한다. 따로 마케터를 두지 않아도 전 세계 광고가 내 콘텐츠에 붙는다. 이는 가히 유통의 혁명이라 할 만하다.

TV가 아닌 모바일로 세상을 보는 현대인에게 '대중적이고 일반적인 취향'은 '취향 없음'과 동의어다. 지금 우리는 문화적으로 중심부와 주변부가 구별되지 않는 시대에 살고 있다. 사람들의 관심사와 취미는 무한대로 늘어나기 시작했다. TV를 틀면 채널 수백 개가 나오지만, 다양한 욕구를 지닌 사람들의 취미와 관심사의 종류는 그 숫자를 훨씬 웃돈다. 그렇다면 누가 이토록 다양한 취향을 감당하고 담아낼 수 있을까. 바로 1인 브랜드다.

1인 브랜드는 디지털 플랫폼으로 자기 가치를 증명하고 생산한다. 그리고 디지털 플랫폼이 일으킨 유통 혁명을 적극 활용해 어떠한 중간 개입도 없이 직접 소비자를 만난다. 이제 '브랜드 파워'라는 단어는 기업의 전유물이 아니다.

1인 브랜드 '대도서관'은 다음TV팟에서 시작해 아프리카TV를 거쳐 지금은 유튜브에서 활동하고 있다. 유튜브 채널 구독자 수는 170만 명을 넘어섰고, 생방송에는 최대 2만 명에 이르는 시청자가 모여든다. 연예인은 아니지만 광고 수익이 연간 억대에 이른다. 강연, 팬 미팅, 공연, 행사 진행, 각종 매체 인터뷰 등 외부 활동도 활발히 하고 있다. 앞으로는 더 다양한 채널을 오픈하여 세계 시장을 공략할 계획이다.

1인 브랜드 대도서관은 유통의 혁명이라는 파도를 타고, 대기업 사원 나동현이라면 불가능했을 다양한 일을 이루어가며 더 큰 꿈을 향해 나아가고 있다.

1인 브랜드에
불필요한 건 자본이요,
필요한 건 용기일지니

　요즘 20대를 가리켜 '단군 이래 최대 스펙'이라고 한다. 하긴 '단군 이래 최대 불황'을 맞아 취업난을 뚫으려니 그럴 수밖에 없겠다. 얼마 전, 취준생들을 맥 빠지게 하는 뉴스가 있었다. 일부 은행에서 면접 점수를 조작해 당초 탈락 예정이던 명문대 졸업생들을 합격시키고, 대신 합격권이던 타 대학 출신들을 떨어뜨린 일이다.

　모 은행에서는 자사 회장 증손녀를 특별 채용 리스트에 포함시켜 합격자 명단에 올리기도 했다. 금수저도, 명문대 출신도 아니면 대학 4년 동안 아무리 스펙을 관리해도 취준생 신세를 면하지 못하는 현실에 많은 젊은이들이 분노하고 좌절했다.

　간신히 취업에 성공했다고 해도 취업 경쟁에서 영원히 자유로

울 수는 없다. 고용 불안정이나 급여 수준 등 여러 이유로 전업이나 퇴사를 준비하는 20~30대가 적지 않다. 은퇴 시기가 다가오는 40~50대도 마찬가지다. 개그맨 조세호 씨가 '프로 봇짐러' 캐릭터로 인기를 끌고 있지만, 사실은 직장인 대부분이 언제 짐을 싸서 나가야 할지 모르는 '프로 봇짐러'인 셈이다.

프로 봇짐러들이여, 이제 1인 브랜드로 창업하자

직장이 불안정하다 보니 자연스레 창업을 떠올리는 사람도 많은 모양이다. 얼마 전 신문을 보니 직장인 80퍼센트가 '언젠가는 창업에 도전해보고 싶다'며 창업에 긍정적인 답변을 했다고 한다. 조사에 의하면, 실제로 진지하게 창업을 고민해본 직장인도 45퍼센트가 넘었다. 도전하고 싶은 창업 분야 1위는 역시 요식업. '기승전치킨집'(과거 이력과는 상관없이 퇴직 후 별달리 할 일이 없어 치킨집을 하게 된다는 뜻의 신조어)이라더니 과연 그랬다.

그런데 우리는 직간접적인 경험을 통해 '기승전치킨집'은 결코 성공 가능성이 높지 않다는 사실을 알고 있다. 건물주거나 건물주 자녀라면 모를까, 일단 임대료부터가 문제다. 어찌어찌 가게 문을 열었다 해도 망하지 않고 버티기란 쉽지 않다. 창업에 실패한 이들에게, 좋은 경험했다며 훌훌 털고 일어나란 말은 하지 말자. 평생 일해 모은 돈을 잃는 경우도 허다한데, 수업료로 치기엔 그 대가가 너무 크고 아프다.

　도전적인 사람은 창업을 꿈꾸고, 안정적인 사람은 직장인에 머
문다는 말이 있지만, 평균 수명 100세 시대와 조기 은퇴 시대를
사는 현대인에게 창업은 어쩌면 피할 수 없는 선택일지도 모른
다. '단군 이래 최대 스펙'을 장착하고도 취업하지 못하는 사람,
학벌이나 스펙이 없어 번번이 채용 시험에서 미끄러지는 사람, 직
장에 다니고는 있지만 고용이 불안정한 사람, 지금 다니는 직장
이 마음에 안 드는 사람에게도 창업은 또 다른 기회가 될 수 있다.

　단, 기존의 방식으로 창업에 도전해서는 안 된다. 전혀 새로운
접근이 필요하다. 우선 창업에 내 모든 것을 걸지 말자. 직장이
있다면 계속 다니는 게 좋고, 돈도 가급적 최소한만 투자해야 한
다. 직장까지 포기하고 전 재산을 쏟아붓는 창업은 위험 부담이
너무 클뿐더러 한번 넘어지면 다시 일어서기 힘들다.

　이쯤에서 이런 질문을 하는 사람들이 있을 것이다. '혹시 시간
도 돈도 투자하지 않고 성공할 창업 아이템이 과연 있을까?' 물
론 있다. 바로 1인 브랜드다.

아직도 물량 공세로 성공을 꿈꾸는가

　보이그룹 방탄소년단이 국내외에서 큰 화제를 모으고 있다. 빌
보드 '톱 소셜 아티스트 상' 수상, 빌보드 '핫 100' 진입, 2017 아

메리칸 뮤직 어워드 시상식 단독 무대, 50개국 이상에서 아이튠 즈 톱 송 차트 1위…. 이 모든 걸 해외 진출 몇 개월 만에 이루어 냈다. 실로 놀라운 결과다. 음악 관계자들 말로는 방탄소년단 열 풍이 번져가는 양상을 보면 이들이 결코 반짝 스타로 끝나지는 않을 것이라고 한다.

방탄소년단이 단기간에 미국 시장을 사로잡은 비결은 뭘까? 각 멤버의 매력과 실력, 성실함, 진심을 담은 팬들과의 소통, 방시 혁 프로듀서의 기획력 등이 그들의 성공 비결로 꼽힌다. 하지만 이것만이 전부는 아닐 것이다. 미국 진출을 시도했던 원더걸스가 방탄소년단보다 매력이 덜하거나 성실하지 않아서 실패한 것은 아니다.

원더걸스는 미국 진출을 위해 현지 제작자와 관계자를 직접 찾 아가 꽤 오랜 시간 철저한 현지화를 준비했다. JYP라는 거대 기획 사의 자본력이 있기에 가능한 방법이었다. 하지만 안타깝게도 원 더걸스의 미국 진출은 실패했다. 반면 싸이는 홍보 한번 없이 쾌 거를 이뤘다. 아니 애초에 해외 진출을 목표한 적도 없는데 전 세 계에 〈강남스타일〉 열풍을 일으켰다. 유튜브가 마케터 역할을 톡 톡히 한 덕분이었다.

방탄소년단의 해외 진출도 시작은 싸이의 경우와 비슷하다. 방 탄소년단의 소속사에서는 이들의 미국 진출을 기획한 적이 없다. 특별히 의도와 목표를 갖고 미국 진출을 한 게 아니란 뜻이다. 중 소기획사 빅히트 엔터테인먼트는 그간 방탄소년단의 홍보를 위해 비용 부담이 덜한 유튜브와 SNS를 적극 활용해왔는데, 이것이 뜻하지 않게 해외 진출 효과를 만들어낸 것이다.

방탄소년단의 유튜브 계정에는 뮤직비디오만 있는 것이 아니다. 이들이 칼군무를 선보이기까지 그야말로 '피, 땀, 눈물'을 흘리며 안무 연습을 하는 과정, 멤버 개개인의 사소한 일상과 현장에서 팬들과 교감하는 모습이 담긴 영상이 꽤 쌓여 있다. 팬덤의 시작은 뮤직비디오 한 편이었지만, 팬덤이 불길처럼 번지고 지속되는 원동력은 멤버 각자의 캐릭터와 매력이 담긴 스토리텔링 콘텐츠에 있다. 오랫동안 생산·유통한 광대한 부가 콘텐츠야말로 이들이 미국 진출을 기획하지 않고도 미국 시장을 사로잡은 비결이다.

방탄소년단이 해외 시장에서 그들만의 브랜드 파워를 만들어간 사례에서 우리는 1인 브랜드의 성공 전략을 엿볼 수 있다. 먼저 콘텐츠 유통의 핵심 기반이 어디에 있는지를 알아야 한다. 바로 인터넷과 스마트폰이다. 유통 채널이 변화함에 따라 콘텐츠 시장의 구조 자체가 바뀌고 있다. 적은 자본으로도 창작물을 만들어 유통하고, 브랜드 가치를 홍보할 수 있게 되었다. 창업한답시고 회사 그만두고 퇴직금 탈탈 털어 가게부터 임대할 필요가 없다는 뜻이다. 디지털 플랫폼을 홍보와 유통의 기반으로 삼으면 다달이 받는 월급의 몇 퍼센트만 투자해도 충분히 효과를 볼 수 있다.

내가 처음으로 창업 공부를 시작할 때는 사정이 조금 달랐다.

최대 고민은 어떻게 하면 투자를 받을 수 있을까 하는 점이었다. 사업 아이디어에는 자신이 있었지만, 내 학벌과 스펙이 투자자를 끌어 모으기에는 턱없이 부족했기 때문이다. 거의 1년을 고민한 끝에 내가 내린 결론은 학벌과 스펙의 잣대로는 점수를 매길 수 없는, 나만의 가치를 만들자는 것이었다. 나만의 브랜드를 만들고 홍보하기 위해 나는 자본 부담이 없는 디지털 플랫폼에 주목했다. 그렇게 시작한 것이 바로 인터넷 생방송이다.

영상 콘텐츠는 장비 가격이 상당하므로 투자비용이 더 클 거라고 생각하는 이들이 많지만 전혀 그렇지 않다. 내가 처음 인터넷 생방송을 시작한 곳은 엘리베이터도 없는 5층짜리 낡은 빌라의 한 칸짜리 방이었다. 방송용 장비라고는, 고사양 게임은 플레이하기조차 버거운 오래된 컴퓨터 한 대와 7만 원짜리 마이크가 전부였다. 바람막이 스펀지를 살 돈도 아까워서 마이크 머리 부분을 휴지로 감싸고 고무줄로 둘둘 감아 썼다(이 DIY 마이크가 바로 '문명중기'를 탄생시킨 주역이다). 웹캠이 없었기 때문에 고민할 필요도 없이 목소리만 내보내는 방송을 하게 되었다.

결과적으로 대도서관의 창업비용은 마이크 구입비 7만 원과 게임 정품 구입비가 전부였던 셈이다. 내 집에서 이미 갖고 있던 장비만을 활용해 혼자 시작한 창업이었으므로 공간 임대료, 장비 구입비, 인건비 등이 거의 들지 않았다. 물론 다음TV팟 방송으로는 전혀 수익을 내지 못했기 때문에 엄밀하게 따지면 방송하는 1년 동안 쓴 생활비가 투자비용이 되는 셈이기도 하다. 하지만 1년 동안 거의 방송에만 빠져 살았기 때문에 생활비는 거의 들지 않았다.

당시는 인터넷 방송 초창기여서 콘텐츠의 기술적인 질에 대해서는 크게 신경 쓰지 않는 분위기였다. 요즘 대도서관TV에 올라가는 콘텐츠는 과거와는 비교도 할 수 없을 만큼 음향이나 영상의 질이 뛰어나다. 하지만 이제 막 1인 브랜드로서 자기 가치를 증명하려 한다면 콘텐츠의 기술적 측면보다 기획력과 아이디어로 승부해야 한다. 시청자가 원하는 것은 공중파 수준의 뛰어난 영상미가 아니라 기발하고 신선한 콘텐츠다.

인터넷 생방송 초보자라면 20만 원대 마이크, 10만 원대 웹캠, 평소 쓰던 컴퓨터와 인터넷 선만 있으면 준비 끝이다. 나는 초보자에게는 늘 인터넷 생방송보다 편집 방송을 권한다. 편집 방송도 개당 10만 원 정도 하는 LED 조명 2~3개와 삼각대만 따로 준비하면 된다. 촬영과 편집은 평소 쓰던 휴대전화와 컴퓨터로도 충분하다.

내가 1인 브랜드에 쉽게 도전한 것은 초기 비용이 거의 들지 않으리라는 계산 때문이었다. 최근 신문을 보니 치킨 프랜차이즈를 열려면 건물 임대보증금과 월세를 제외하고, 가맹비, 계약이행보증금, 인테리어 및 주방기기 등을 마련하는 데만 평균 4,000만 원의 창업비용이 필요하다고 한다. 만일 초기 비용 부담이 이처럼 컸다면 나도 섣불리 도전하진 못했을 것이다.

1인 브랜드에 필요한 자본은 월급의 딱 10퍼센트

자본이 넉넉하면 1인 브랜드를 향한 첫 걸음이 쉬울 것 같지만 사실은 그 반대다. 자본을 적게 들일수록 부담 없이 시작할 수 있다. 월급의 10퍼센트면 충분하다. 취미생활을 하는 데 드는 비용 정도로 생각하자. 크게 돈 들이지 않고 작은 성취감과 재미를 느끼는 것, 그게 바로 1인 브랜드의 매력이다.

내가 대도서관으로 브랜드 파워를 갖게 되자 수많은 사람들이 투자하겠다고 몰려들었다. 대기업 사원 나동현은 유치할 수 없었던 투자금을 1인 브랜드 대도서관은 쉽게 끌어모을 수 있게 된 것이다. 하지만 나는 당시 모든 투자 제안을 거절했고, 앞으로도 투자를 받을 생각이 없다. 투자자에게 휘둘리지 않고 대도서관이라는 1인 브랜드의 가치를 지켜가기 위해서다.

대출이나 투자를 받는 것은 1인 브랜드에게 득보다는 실이 될 때가 더 많다. 수익을 내야 한다는 압박감에 시달려, 고유의 브랜드 가치를 잃기 쉽기 때문이다. 내가 자본 없이 창업하는 것이 중요하다고 강조하는 이유도 여기에 있다. 남의 돈이든 내 돈이든 무리하게 끌어 쓰는 순간, 창업의 기쁨은 사라지고 부담감만 남는다.

돈이라는 건 참 이상해서 열심히 좇으면 손에 안 잡히고, 좇지 않으면 잡히는 경우가 많다. 누군들 돈이 싫겠는가. 하지만 일하는 과정에서 얻는 성취감과 기쁨, 그로 인한 성장이 우선이다. 그 과정에서 돈이 따라온다면 더할 나위 없이 좋지만, 오직 돈 버는 것이 1인 브랜드의 절대 목적이 되면 성공하기 어렵다. 제사에는 관심 없고 젯밥에만 관심이 있는데, 일이 잘될 리 없지 않은가. 내 소비자가 원하는 것이 무엇인지, 무엇으로 소비자에게 보답할 수 있는지를 기준으로 삼자. 그러면 1인 브랜드가 망할 일은 절대로 없다.

월급의 10퍼센트만 투자하면 창업은 망해도 인생까지 망하진 않는다. 그러니 용기를 내보자. 내 가치와 능력을 면접관 앞에서만 증명하려 하지 말고, 좋아하는 일을 하면서 스스로에게 증명해보자. 흙수저라고, 명문대 출신이 아니라고 패배감에 빠져 있지 말고, 자기 가치와 브랜드 파워를 키워보자. 또 누가 알겠는가. 오늘의 이 작은 용기가 등불이 되어 삶의 다른 골목을 비춰줄지.

현재는 따분하고
미래는 불안하다면
N잡러가 답이다

학벌도 스펙도 자본도 필요 없는 1인 브랜드 시대가 왔다는 걸 실감했다면 이제 무얼 해야 할까. 먼저 이 지긋지긋한 직장부터 그만둬야겠다고 생각할지 모르겠다.

나는 게임 방송을 본격적으로 시작하기 전에 1시간 정도 시청자들과 수다를 떤다. 가끔은 시청자가 채팅방에 올린 고민에 대한 피드백도 하는데, 직장을 그만두고 다른 일을 하고 싶다는 글이 간혹 보인다. 크리에이터가 되기 위해 학교를 당장 그만두겠다는 글도 더러 있다. 대도서관은 대학도 가지 않았고 대기업도 때려치운 전력이 있으니, 직장이나 학교를 그만두려는 마음을 누구보다 잘 이해할 거라는 생각에서 남긴 글일 테다.

물론 그 마음은 충분히 이해한다. 하지만 그런 결정을 응원하지는 않는다. 크리에이터가 되기 위해 직장이나 회사를 그만둘 필요는 전혀 없다. 아니, 오히려 계속 다녀야 한다.

출사표는 쓰되 사표는 쓰지 말자

요즘 대학생활은 피가 마를 정도로 경쟁적이라고 들었다. 대부분의 대학생들이 아르바이트하랴, 스펙과 학점 챙기랴, 하루 24시간이 모자랄 정도로 힘들 것이다. 하지만 대학 시절은 이해타산을 따지지 않는 '순수한 네트워킹'이 가능한 마지막 시기라는 걸 잊어서는 안 된다. 다양한 친구를 만나고, 친구를 통해 견문을 넓히고, 뜻이 맞는 친구들끼리 자발적으로 무언가를 도모하는 경험은 대학생활의 특권이자 혜택이다.

만일 크리에이터에 관심 있는 사람이라면 대학에서 만든 네트워킹이 특히 도움이 된다. 뒤에서 자세히 설명하겠지만, 탁월한 기획자인 동시에 전문가인 사람은 많지 않다. 내가 기획자라면 전문가가 필요하고, 반대로 내가 전문가라면 기획자가 필요하다. 이런 상호보완적인 관계를 꾸리는 데 학창 시절 네트워크만큼 좋은 것은 없다. 언제 어디서 무슨 일을 하더라도 사람은 늘 훌륭한 자산이다.

무엇보다 대학을 중간에 그만두는 것은 위험 부담이 너무 크다. 빌 게이츠Bill Gates가 하버드대학을 중퇴하고 마이크로소프트를 창업했다는 건 유명한 일화다. 하지만 그가 창업할 생각에 들떠 무작정 학교를 때려치웠다고 오해하면 곤란하다. 그는 위험 요소를 점검하고 최대한 대비했다. 부모에게 안정적인 재정 지원을 약속받았고, 학교도 자퇴가 아닌 휴학을 선택했다.

1~2년 먼저 사회에 뛰어든다고 그만큼 앞서가는 건 아니다. 절박한 상황에서 위험을 감수하면 그만큼 더 열심히 하게 되고, 열심히 했기 때문에 더 좋은 성과를 낼 것 같지만 현실은 그렇지 않다. 오히려 당장의 이익만 좇다 실수할 가능성이 크다. 모든 걸 걸었다는 부담감에 판단력이 흐려지기도 하고, 그릇된 선택을 하기도 한다. 이럴 경우 행여 넘어지기라도 하면 다시 일어서기도 어렵다.

요즘은 취업하자마자 퇴사를 준비한다는 뜻으로 '취준생' 끝에 '퇴준생'이라는 말이 유행이라고 한다. 이런 실정이니 직장인이라면 회사를 당장 때려치우고 싶은 갈망이 더 클 것이다. 특히 업무에 흥미나 재미를 느끼지 못한다면 고민은 더욱 깊어진다. 안정적인 직장에 다니며 무료함을 견딜지, 직장을 그만두고 내가 좋아하는 일을 찾아 모험을 떠날지 갈림길에 서게 된다.

그런데 반드시 둘 중 하나만을 선택해야 하는 걸까? 이 둘이 양립할 수 없는 배타적인 선택지일까? 어쩌면 둘 다를 선택할 수도 있지 않을까?

투자의 기본은 분산이다. 달걀을 여러 바구니에 나눠 담듯 위험 부담을 줄여야 한다. 일도 마찬가지다. 하나의 일에 모든 시간과 에너지를 투자하면 위험 부담이 너무 크다. 요즘은 평생은커녕 당장 내일의 일자리도 보장받지 못하는 시대 아닌가. 이런 때에 군이 잘 다니던 직장을 그만둘 필요는 없다.

물론 겸업이 불가능한 일도 있다. 예를 들어 직장생활을 하면서 영화 현장에서 일하는 건 불가능하다. 하지만 크리에이터가 되고자 한다면 군이 직장을 그만둘 필요가 없다. 오히려 꼭 움켜잡고 있어야 한다.

직장이 제공하는 경제적 안정은 크리에이터의 귀중한 사업 자본이자 독창성·창의력의 원천이다. 세계적인 안경회사 와비파커Warby Parker는 와튼스쿨 재학생 네 명의 아이디어에서 시작했다. 그런데 창업 스토리가 좀 독특하다. 남들은 학교를 중퇴하고 창업에 모든 노력을 쏟으라고 충고했지만, 그들은 그렇게 하지 않았다. 실패했을 때의 위험 부담을 최소화하고 싶었기 때문이다. 그들의 지도교수였던 애덤 그랜트Adam Grant는 《오리지널스》라는 책에서 와비파커의 성공은 위험을 회피하고 안정성을 추구한 덕분이라고 분석한다. 그리고 일단 안정성을 확보해야 독창성도 발휘된다고 강조한다.

한 조사결과에 따르면 직장에 다니면서 창업한 사람이 실패할 확률은 직장을 그만두고 창업한 사람보다 33퍼센트 낮다고 한다. 사표라는 초강수 배수진을 쳐야 정신 똑바로 차리고 일할 것 같지만 사실은 그 반대다.

그런데도 군이 자신을 막다른 길로 몰아넣으면서 괴롭고 힘들게 창업할 필요가 있을까. 한번 생각해볼 일이다.

성급히 직장을 때려치우면 안 되는 이유

직장은 안정된 수입과 복지혜택을 보장할 뿐 아니라 노하우를 배우고 인맥을 쌓고 팀워크를 익힐 기회도 준다. 또 직장 업무를 통해 새로운 창업 아이디어와 영감을 얻는 경우도 있다. 바로 내가 그랬던 것처럼 말이다.

군대를 제대하고 지인 소개로 교육 관련 IT 업체에서 아르바이트를 한 적이 있다. 그곳에서 기획자들이 일하는 모습을 보면서 기획이 참 흥미로운 분야라는 걸 처음으로 알았다. 내 적성에 맞는 것을 비로소 깨달은 것이다. 사실 그전까진 내가 어떤 일을 좋아하는지, 어떤 일을 잘하는지 잘 모르고 있었다.

그 회사에서 내가 할 일은 서류 정리 등 단순 업무였지만, 서비스 기획자 선배를 따라 회의에도 종종 들어갔다. 가끔 선배들이 의견을 물을 때면 여러 관점에서 열심히 대답했다. 회사 측에서 그런 나를 좋게 봤는지 3개월 만에 정직원 제의를 해왔다.

당시의 이러닝e-learning 분야는 초창기라 강의 동영상 제작을 거의 외주에 맡기고 있었다. 외주 비용이 꽤 비쌌지만, 방송사 PD 들을 스카우트해 사내 미디어 팀을 꾸리는 것보다는 부담이 덜 했기 때문이다. 회사에서 내게 정직원 제의를 한 이유도 바로 여기에 있었다. 강의 동영상을 촬영하고 편집하는 인력을 자체 개발하려는 의도였던 것이다.

회사 안팎의 이런 사정을 잘 파악하고 있던 나는 강의 동영상을 제작할 수 있겠느냐는 회사 측 제안에 무조건 할 수 있다고 했다. 동영상 제작은 단 한 번도 해본 적이 없었지만, 회사에 꼭 필요한 일이고, 내게도 좋은 기회가 될 거라고 생각했다.

이후 몇 달 동안 인터넷도 찾아보고, 세미나도 쫓아다니면서 동영상 촬영과 편집을 독학했다. 이런 경험이 나중에 대도서관 TV를 할 때 굉장한 도움이 됐다. 지금은 전문 편집자를 두고 있지만, 처음 몇 년간은 내 손으로 촬영부터 편집까지 다했기 때문이다.

그리고 선생님들의 의상이나 헤어, 메이크업 등 전반적인 스타일링을 관리하고, 효과적인 강연 방법 등을 제안하는 일도 했다. 일종의 PD 역할을 한 셈이다. 이 업무 역시 대도서관으로서 나 자신을 스타일링하고, 방송을 진행하는 데 큰 영감을 주었다.

이렇게 몇 년을 일하다가 이직을 결심했다. 당시 교육 관련 IT 업계에서 2위를 달리던 이투스라는 회사가 목표였다. 내가 업계 1위 메가스터디가 아니라 2위 이투스를 선택한 데는 나름의 이유가 있었다. 업계 2위가 1위보다 광고비용을 더 많이 쓴다고 한다. 1위는 하던 대로 하면서 자리를 지키려는 경향이 강하지만, 2위는 1위 자리를 빼앗기 위해 더 도전적일 수밖에 없다. 그렇다면 내세울 만한 졸업장도 자격증도 없는 나를 파격적으로 채용

할 만한 곳은 업계 2위인 이투스일 것이라고 판단했다. 마침 지인에게서 이투스가 곧 SK와 합병한다는 소식도 전해들은 터라 마음을 굳혔다.

이력서에 대학졸업장도 자격증도 없이 운전면허증 하나 달랑 적으려니 스스로도 민망했다. 하지만 자기소개서만큼은 자신 있었다. 당시만 해도 자기소개서라 하면 '저는 1남 3녀의 첫째로 태어나 어쩌고저쩌고' 하는 유형이 일반적이었다. 나는 완전히 새로운 형식의 자기소개서를 썼다. 귀사 홈페이지를 이러저러한 방향으로 수정하길 제안한다는 식으로 일종의 기획안을 제출한 것이다. 다행히 이런 전략이 잘 통해 이투스에 당당히 취업할 수 있었다. 그리고 당시 싸이월드로 한창 주가를 올리던 SK커뮤니케이션즈가 이투스와 합병하면서 대기업 사원이 되었다.

SK커뮤니케이션즈에서 일하면서 IT 업계를 바라보는 시야가 완전히 달라졌다. 잘나가는 IT 기업은 어떻게 일하는지 온몸의 세포 하나하나로 다 받아들였다고나 할까. 대기업은 돈에만 관심 있는 줄 알았는데, 그렇지 않았다. 나의 편견이었다. 당장 돈이 더 들더라도 장기적으로 바람직한 방법을 찾아야 한다는 걸 그 시절에 배웠다. 무엇보다 멀리 내다보고, 큰 그림을 그리며 트렌드 읽는 법을 익힐 수 있었다. 그 과정에서 해외에는 유튜브로 엄청난 고수익을 올리는 크리에이터가 있다는 사실도 알게 됐다. 처음으로 1인 크리에이터 분야의 가능성을 발견한 것이다.

이런 경험이 없었다면 지금의 대도서관은 없었을지도 모른다.

직장을 통해 기획이라는 분야를 발견하고, 촬영과 편집, 방송 진행 등 세부적인 기술을 익혔을 뿐 아니라 IT 업계 전반에 대한 통찰력까지 얻을 수 있었으니 말이다.

이쯤에서 고해성사를 해야 할 것 같다. 사실 나는 다음TV팟에서 인터넷 방송을 시작한 지 얼마 안 되어 SK커뮤니케이션즈를 그만두었다. 그래놓고 남들한테는 회사를 그만두지 말라고 당부하니, 모순된 태도로 보일 수도 있을 듯하다.

당시는 지금과 사정이 좀 달랐다. 1인 미디어는 무조건 생방송이었고, 출퇴근에 하루 서너 시간씩 허비하는 상황에서 매일 밤 4시간씩 생방송을 진행하는 건 불가능에 가까웠다. 방송 일주일 만에 간디 동영상이 히트를 치자 1인 크리에이터로서 성공 가능성이 높다고 판단한 점도 그 결정에 영향을 미쳤다. 고등학교 때 아버지가 돌아가시고, SK커뮤니케이션즈에 다니던 시기에 어머니마저 돌아가셔서 당시 나는 혼자였다. 내 한 몸만 건사하면 된다는 생각도 그 결정에 힘을 보탰다. 만일 부모님 중 한 분이라도 살아계셨다면 대기업을 그만둘 용기는 절대 내지 못했을 것이다.

하지만 직장을 그만둔 대가는 생각보다 가혹했다. 당시 다음TV팟은 수익 구조가 전혀 없었다. 돈 한 푼 벌지 못하고 퇴직금만 축내기를 몇 달째, 드디어 돈도 쌀도 바닥을 드러내고 말았다. 몇 끼를 굶은 채로 부엌 찬장을 뒤져보니 비닐봉지에 쌀 한 움큼이 들어 있었다. 그 쌀로 미음을 끓여 자그마치 사흘을 버텼다.

당시 시청자들은 내가 허기를 참아가며 방송했다는 사실을 꿈에도 몰랐을 것이다. 매일 밤마다 아무 걱정 없는 듯, 한결같이 밝고 긍정적인 목소리로 방송을 했으니까. 생활고에 시달리던 나를 구원해준 사람은 작은어머니였다. '작은어머니 펀드'가 아니었으면 그 시절이 더 혹독했을 것이다.

지금 1인 크리에이터에 도전하는 초보자는 직장을 그만둘 이유가 전혀 없다. 인터넷 생방송은 매일 밤 3~4시간 정도의 방송을 해야 고정 시청자를 확보할 수 있기 때문에 직장생활과 병행하기 어렵지만, 유튜브에 편집 영상을 올리는 일은 직장에 다니면서도 충분히 가능하다. 주말 딱 이틀만 투자하면 촬영부터 편집, 업로드 예약까지 끝낼 수 있고, 그 정도 투자로도 자기 가능성을 충분히 시험할 수 있다.

그럼 사표는 언제 던지느냐고? 기준은 사람마다 다를 것이다. 기준이 무엇이든 크리에이터로서 안정적인 기반을 마련한 상태에서 더는 직장 업무와 병행이 불가능해지는 시점이 바로 사표를 던질 때다. 그전까지 사표는 내 마음속에서만 쓰는 걸로 하자.

사표냐 창업이냐로 고민한다면, 해답은 N잡러

요즘 '구닥'이라는 앱이 인기다. 유료 카메라 앱인데, 한 번에 24장까지만 찍을 수 있고, 찍은 사진을 보려면 사흘을 기다려야 한다. 이런 아날로그적인 매력 덕에 구닥 앱은 국내뿐 아니라 해외 17개국에서 다운로드 1위를 기록하며 100만 달러가 넘는 돈을 벌어들이고 있다.

얼마 전에 이 앱을 개발한 스타트업 스크루바 대표 강상훈 씨의 인터뷰 기사를 봤다. 그런데 이분 본업이 앱 개발이 아니라 미술 유학원장이란다. 앱을 함께 개발한 나머지 세 멤버도 본업이 따로 있었다. 이들 스크루바 4인방이 일주일에 한 번, 카페에 모여 수다 떨면서 뚝딱뚝딱 만든 앱이 바로 구닥이다. 각자 본업이 있으니 경제적인 절박함이나 부담이 없었을 테다. 그냥 재미있고 가치 있는 일을 함께 해보자며 툭툭 던진 아이디어가 대박으로 이어진 것이다.

이렇게 본업 말고 또 다른 직업을 가진 사람들을 일컫는 신조어가 'N잡러'다. 한때 유행했던 '투잡족'과는 느낌이 사뭇 다르다. 투잡족은 본업만으로는 생계유지가 힘들어 부업까지 하면서 밤낮없이 일하는 사람을 가리키는 말이다. 왠지 연관검색어로 '고단함', '절박함', '힘듦'이라는 단어가 뜰 것 같은 느낌이 든다.

N잡러는 다르다. 연관검색어를 골라보자면 '재미있게', '여유롭게', '설렁설렁' 정도가 어울릴 듯하다. 한마디로 말해 생계유지는 본업으로 하고, 재미와 자아실현은 다른 직업에서 찾는 사람들이 바로 N잡러다. 이 일로 반드시 돈을 벌어야겠다는 야심이 없으니까 절박하지 않고, 절박하지 않으니까 마음껏 창의력을 발휘할 수 있다. 창의력을 발휘하니까 '뜻하지 않게' 돈을 벌거나 새로운 커리어가 생긴다.

이것이 내가 생각하는 '1인 브랜드의 가장 바람직한 입문 코스'다. 직장, 학교 다 때려치우고서 '내 모든 인생을 걸고' 비장하게 시작해서는 될 일도 안 된다. 1인 브랜드로 일을 시작한다는 건 모든 인생, 모든 재산을 다 거는 게 아니라 그저 일상을 조금 변화시키고 확장하는 것이다.

지금껏 직장에서 인정받고 승진하는 걸 목표로 삼았다면, 위로 향했던 시선을 옆으로 돌려 주변을 한번 돌아보자. 자기 취미와 관심사로 할 수 있는 일을 찾아보는 것이다. 본업을 유지하면서 월급 일부와 여가시간을 활용해 다른 일을 해보라는 의미다. 내 일상을 더 가치 있고 풍요롭게 하는 일, 만일의 경우에 대비한 보험이 될 만한 일. 하다가 망하면? 그래도 괜찮다. 투자한 시간, 노력, 자본이 적으니까 크게 손해볼 것 없다. 반면 그 일을 통해 얻은 경험과 재미는 고스란히 내 것으로 남는다.

N잡러는 특별한 사람이 아니다. 현재는 따분하고 미래는 불안하다면 누구나 N잡러가 될 자격이 있다. 한 우물만 파라는 어른들 말씀은 먼지 쌓인 구닥다리가 된 지 오래다. 여기 기웃, 저기 기웃, 찔러보고 맛보고 시험해보자. 단, 본업 말고 가외로 하는 다른 일에는 돈과 에너지를 되도록 적게 써야 한다는 걸 잊지 말자. 어디까지나 본업이 먼저다. 본업이 있으니까 딴 짓이 더 재미있는 법이다.

이렇게 명함 여러 장 가진 N잡러로 몇 달 살아보면 일상이 확 달라짐을 느끼게 된다. 누군가를 만나도 꼰대 상사 뒷담화를 하거나 업무 스트레스를 토로하는 대신 눈을 빛내며 지금 하고 있는 근사하고 멋진 일에 대해 이야기하게 될 것이다. 운이 따라준다면, 그래서 번쩍 하고 기발한 아이디어가 떠올라준다면 명함 여러 장이 통장 여러 개로 이어질 수도 있다. 뭐 아님 말고. 이게 바로 N잡러 마인드!

1인 브랜드를 위한
기본 루틴,
주말 이틀만 투자하라

1인 미디어의 성공 비결은 시간과 돈을 들이지 않는 것이다. 자본을 더 모으고, 아이디어를 더 쥐어짜고, 수정에 수정을 거듭하면 더 좋은 콘텐츠를 만들 것 같지만, 사실은 그렇지 않다. 완벽한 콘텐츠는 혼자가 아니라 시장 반응과 함께 만들어가는 것이다. 일단 만들어놓고, 시청자 피드백이 좋지 않으면 수정하면 된다. 1인 미디어의 장점은 기민한 대응과 발 빠른 수정이 가능하다는 것이니까.

처음 유튜브에 도전하는 사람은 이런 과정을 거칠 생각을 하지 않고 처음부터 완벽한 콘텐츠를 만들려고만 한다. 아내 윰댕 님도 그랬다. 생방송만 하다가 처음으로 편집 영상을 만들 때 자그마치 6개월을 고민했다. 일단 완성해 시청자에게 선보이는 것이 중요하다는 사실을 초보자는 잘 알지 못한다.

습작 백 편보다 소중하고 유용한 실전 한 편의 힘

예전에 강풀 만화가의 인터뷰를 본 적이 있다. 기자가 "웹툰 작가 지망생에게 조언 한마디 해주세요." 하고 요청하자 강풀 작가가 이렇게 대답했다.

"습작하지 마세요."

습작 없이 만화가가 될 수도 있나? 한순간 멍해졌는데, 이어지는 강풀 작가의 설명을 듣고는 고개가 끄덕여졌다.

"만화가 지망생이 흔히 저지르는 실수가 습작만 하는 거예요. 이거 찔끔 그리다가 아니다 싶으면 걷어치우고, 저거 찔끔 그리다가 또 아니다 싶으면 걷어치우고… 그러지 말라는 거예요. 작품 하나를 끝까지 완성해보는 경험이 중요해요. 습작 백 편보다 실전 한 편이 나아요. 골방에서 습작만 하지 말고, 자기 작품을 세상에 내놓는 용기가 필요합니다."

대가끼리는 통하는 데가 있는 법인지, 주호민 만화가에게서도 이와 비슷한 이야기를 들은 적이 있다. 주호민 작가가 EBS〈대도서관 잡쇼〉웹툰 작가 편에 출연해 들려준 이야기다.

"웹툰 작가가 되려면 어떻게 해야 하느냐고 메일로 묻는 사람들이 많아요. 그럴 때마다 저는 늘 같은 답변을 합니다. 글이나 말로 설명하는 건 의미 없으니 일단 원고를 보내달라고, 그러면 거기에 맞게 조언을 드리겠다고요. 그런데 아무도 원고를 보내지 않아요. 그런 게 없는 거죠. 그러니까 일단 그리세요. 웹툰 작가가 되는 첫 번째 방법은 그리기, 두 번째 방법은 완성하기입니다."

두 만화가가 차려놓은 밥상에 숟가락을 한번 올려보자면, 완벽주의를 고집하지 말라는 말을 하고 싶다. 완벽한 콘텐츠가 아니어도 된다. 일단 만들어 올리고, 피드백을 받고, 또 만들어 올리고 피드백을 받으면 된다. 이 과정을 통해 시청자가 바라는 바를 알게 되고, 자기 실력도 점검하면서 콘텐츠 질이 점점 향상된다.

'양질전환'이라는 말이 있다. 양이 일정 수준 이상으로 쌓이면 질적인 변화가 일어난다는 말이다. '양질전환'처럼 1인 미디어에 잘 어울리는 말은 없을 것이다. 다소 미흡하더라도 콘텐츠를 만들고 또 만들면서 자기 채널에 차곡차곡 쌓아가면 어느 순간 콘텐츠의 양만 늘어나는 것이 아니라 콘텐츠의 질에도 변화가 생긴다.

하지만 대개는 처음부터 완벽한 콘텐츠를 만들기 위해 혼자서 끙끙 씨름한다. 그리고 이렇게 엄청난 노력을 기울여 만들었으니 시청자 반응은 당연히 좋을 거라고 기대한다. 반응이 좋으면 천만다행이다. 하지만 초보자가 처음으로 딱 하나 만들어 올린 콘텐츠가 대박으로 이어질 가능성은 극히 적다. 대개는 무반응이 반응이다. 한 주, 한 달이 지나도 기대한 만큼 조회 수가 오르지 않으면 절망에 빠진다. 더불어 콘텐츠를 올릴 용기도 사라진다.

완벽한 콘텐츠를 만들겠다는 과도한 의욕은 1인 미디어 폐업으로 끝을 맺기 십상이다. 첫술에 배부르려는 마음부터 버리자. 처음부터 잘 만들려고 하지 말고, 일단 완성해서 올리는 게 중요하다. 자꾸 올리다 보면 자기 콘텐츠의 문제점이 파악된다. 뭘 어떻게 만들어야 하는지는 완성해서 올려본 사람만 알 수 있다.

누군가는 초보자들에게 잘나가는 1인 미디어 채널을 보면서 벤치마킹하라고 충고한다. 하지만 나는 생각이 좀 다르다. 1인 미디어 초보자가 지금 대도서관TV의 콘텐츠를 보면 기만 죽는다. 혼자서 콘텐츠를 만드는 초보자는 대도서관TV의 촬영 장비나 인력을 따라잡을 수 없기 때문이다. 유명 크리에이터만큼 콘텐츠를 잘 만들려는 욕심이 오히려 초보자의 발목을 잡아 아무것도 못하게 할 가능성이 크다.

사실은 나도 다른 1인 크리에이터들의 방송을 잘 안 보는 편이다. 만일 마음에 드는 크리에이터가 생기면 그 사람 말투나 스타일을 은연중에 따라할 위험이 있기 때문이다. 그러면 지금까지 시청자들이 좋아해주었던 대도서관의 개성과 정체성이 흔들린다. 아이디어는 다른 크리에이터들 방송을 보지 않아도 영화나 드라마, 책, 만화와 같은 매체에서 충분히 얻을 수 있다.

가끔 이런 질문을 하는 분들이 있다.

"대도서관 님은 수많은 콘텐츠를 만들고, 광고도 많이 찍으시잖아요. 아이디어가 고갈된 적은 없나요?"

내 사전에 아이디어 고갈이란 없다. 잘난 체하려는 게 아니다.

만일 내가 스스로를 예술가라고 생각하면 창작의 고통이니, 아이디어 고갈이니 하는 문제와 맞닥뜨릴지도 모르겠다. 하지만 나는 예술가가 아니고, 내 콘텐츠도 예술작품이 아니다. 아무도 내게 예술작품 같은 콘텐츠를 기대하지 않는다. 시청자는 힘든 하루를 마치고 컴퓨터 화면 앞에 앉아 대도서관TV에서 작은 웃음과 공감을 얻길 바란다. 대도서관의 친근한 농담을 들으면서 다른 시청자와 소통하길 원한다. 그러니 잔뜩 힘을 줄 이유가 없다. 내가 부담을 내려놓고 가볍고 신나게 만들어야 시청자도 즐길 수 있다.

아무도 초보자에게 완벽한 콘텐츠를 만들어내라고 요구하지 않는다. 일단 오른발을 내딛자. 그런 다음 왼발, 다시 오른발, 또 왼발…. 처음에는 어색했던 발걸음이 어느새 자연스러워지고 호흡은 가벼워질 것이다. 내 발끝에만 머물렀던 시선이 멀리 지평선을 바라보고, 하늘을 살피게 될 것이다. 일단 시작하면 길은 보인다.

주말 단 이틀의 마법, 일단 시작하면 뭐라도 된다

"야근에 회식에 몸도 마음도 파김치인데 무슨 기운으로 1인 미디어에 도전하나요?"

시간을 덜 들이라고는 했지만, 요즘 직장인들이 워낙 바쁘고 피곤하니 적은 시간 내기도 부담스러울지 모른다. 그러다 보면 '아직은 준비가 덜 됐는데', '아직은 때가 아닌데' 하면서 차일피일 미루는 경우도 생긴다.

요즘 '일상 루틴'routine의 중요성을 강조하는 사람들이 많아졌다. 자고 먹고 일하는 일상적인 일을 규칙적으로 행해야 몸과 마음이 건강해지고 일에 더 잘 몰두할 수 있다고 한다. 나도 일상 루틴을 잘 지키려고 노력하는 편이다. 대개 생방송은 일주일에 4~5회, 밤 10~11시부터 3~4시간 진행한다. 방송이 새벽에 끝나기 때문에 기상 시간이 늦을 수밖에 없지만, 별다른 스케줄이 없더라도 오전 9~10시에는 일어나려고 노력한다. 그래야 생활 리듬이 흐트러지지 않는다. 스케줄 때문에 생활 리듬이 들쭉날쭉해지면 같은 양의 일을 해도 확실히 더 피곤하다.

연예인이나 예술가들은 정해진 일과가 따로 없이 내키는 대로 일할 것 같지만, 그렇지 않다. 무라카미 하루키村上春樹의 에세이《직업으로서의 소설가》를 보면 그가 얼마나 루틴을 잘 지키며 사는지 알 수 있다. 아침 일찍 일어나 달리기를 마친 뒤 오전에는 글을 쓰고 오후에는 쉬거나 음악을 듣는다고 한다. 그가 지치지 않고 소설을 쓰는 힘은 단조로운 일상을 되풀이하는 데 있다.

1인 미디어를 시작하려는 사람도 자기 일상에 그 일만을 위한 루틴을 만들어야 한다. 마음 내키는 대로, 아이디어 떠오르는 대로 하자고 마음먹었다가는 평생 '꿈꾸는 사람'에만 머물 뿐이다.

내가 제안하는 1인 미디어 루틴은 이렇다. 일주일에 5분짜리 동영상 2개를 촬영·편집하여 하나씩 업로드하는 것을 목표로 일주일 스케줄을 구성한다. 일단 평일에는 기획을 한다. 직장 또는 학교에서 아이디어가 떠오르면 그때그때 간단하게 메모하자. 내가 직장을 그만두지 말라고 하는 이유도 여기에 있다. 평범한 직장생활에서 의외로 많은 아이디어를 얻을 수 있기 때문이다. 시청자가 공감할 만한 콘텐츠는 하늘에서 뚝 떨어진 별난 이야기가 아니라 누구나 경험할 만한 평범한 일상 이야기다. 친구나 동료와 나누는, 맛집이나 연예인 등에 관한 수다야말로 1인 미디어의 소재로 제격이다.

나도 아이디어 짜는 시간을 따로 갖진 않는다. 대개는 TV를 보거나 음악을 듣거나 샤워를 하는 등 일상적인 일을 하다가 퍼뜩 떠오른다. 이렇게 불쑥불쑥 아이디어가 떠오르는 것은 늘 일정 수준으로 일에 몰입해 있다는 증거이기도 하다. 인파로 붐비는 명동 한복판에서도 사랑하는 사람은 한눈에 알아보지 않던가. 그만큼 연애에 몰입해 있기 때문이다. 마찬가지로 일에 어느 정도 몰두해 있으면 영화나 뉴스, 드라마를 멍하니 보고 있다가도 일과 관련한 정보가 귀에 쏙쏙 들리거나 아이디어가 번쩍 하고 떠오른다.

이렇게 하루에도 몇 번씩 거칠게 떠오른 아이디어를 기획으로 발전시키려면 매일 10분 정도를 투자해야 한다. 저녁과 밤은 약속이나 회식, 야근 등으로 매일 일정한 시간을 빼기 어려우므로 출근길처럼 절대 틀어질 리 없는 규칙적인 일과에 이 10분을 끼

위 넣는 것이 좋다. 아침형 인간이라면 출근 전 10분을 활용하는 것도 좋은 방법이다.

이렇게 기획안이 완성되면 주말 이틀 동안 촬영과 편집을 한다. 5분짜리 동영상 하나를 만들려면 준비에 1시간, 촬영에 1시간 정도 걸린다고 생각하면 된다. 토요일은 촬영을 몰아서 하고, 일요일은 편집을 한다. 이렇게 동영상 2개를 완성했으면 업로드 예약을 걸어둔다. 신규 동영상의 업데이트 요일과 시간을 미리 정해두면 고정 구독자를 확보하는 데 도움이 된다. 이 시간에 맞추어 동영상을 업로드하게 예약까지 걸어두면 일주일 루틴 끝이다. 다음 주 평일에는 또 틈틈이 아이디어를 떠올리며 내 채널의 피드백을 확인한다. 매일 10분간 기획안을 쓰고, 주말에는 촬영과 편집을 하는 일상을 되풀이한다.

"평일에 일하는 걸로도 부족해서 이제 주말까지 일하라고요?"

한숨이 절로 난다면 콘텐츠 소재를 다시 한 번 검토해보길 바란다. 자신이 정말 좋아하고 잘하는 일로 콘텐츠를 만들면 주말에 하는 촬영과 편집은 일이 아니라 취미생활이다. 특히 1인 미디어는 크리에이터가 신바람이 나서 해야 한다. 피곤한 심신으로 꾸역꾸역 만든 콘텐츠는 아무도 재미있게 보지 않는다.

개그우먼 강유미 씨가 운영하는 유튜브 채널 이름이 〈좋아서 하는 채널〉이다. 돈 벌려고, 인기 끌려고 아이디어를 쥐어짜 억지 웃음을 주는 채널이 아니다. 강유미 씨 자신의 소소한 일상을 옆집 언니처럼 친근하게 나누는, 그야말로 '좋아서 하는 채널'이다.

이런 진정성이 강유미 씨 채널의 인기 비결이다.

대학 강연에 가면 1인 미디어에 대한 구체적인 질문들이 많이 쏟아진다. 그런데 질문 내용을 보면 콘텐츠를 만들어본 사람인지 아닌지 금세 알 수 있다. 콘텐츠를 만들어본 사람은 질문이 훨씬 구체적이다. 반면 콘텐츠를 안 만들어본 사람은 시작할까 말까, 갈림길에서 돌다리를 두드리는 질문을 많이 한다.

걱정할 시간에 일단 이 루틴대로 콘텐츠를 만들어보라고 권하고 싶다. 큰 욕심 없이 취미생활도 하고, 부수입도 올린다고 생각하며 2~3년 정도 꾸준히 이 루틴을 따르면 분명 원하는 성과를 거둘 수 있을 것이다. 주말 단 이틀이다. 주말 단 이틀로 나의 브랜드 가치를 시험하고 가능성을 키우고 기회를 만들 수 있다면, 도전해볼 가치가 있지 않을까.

완벽한 아이디어는 세상에 없다는 걸 잊지 말자. 완벽한 아이디어에 대한 강박은 오히려 생각이 자유로이 뻗어나가 확장하는 것을 가로막는다. 탁월하지 않아도 괜찮다. 완벽하지 않아도 괜찮다. 일단 무언가 만들고 완성하자. 그리고 유튜브에 올리자. 콘텐츠 하나를 올리면 다음 콘텐츠는 한결 쉽게 만들 수 있다. 시작이 반이라는 말은 1인 미디어 분야에서도 진리다.

나만의 콘텐츠로
써나가는
새로운 성공 공식

오랜만에 중학교 동창 소식을 들었다고 하자.

"걔 요즘 뭐하냐?"

"○○전자 다니잖아. 얼마 전에 과장 달았다던데?"

"진짜? 잘됐네. 한턱내라고 해야겠다."

얼마 전까지만 해도 이런 대화가 전혀 어색하지 않았다. 내 회사, 내 직급이 곧 나였다. 회사 명함 한 장이 내 능력과 역량 그리고 가치, 미래를 보여주는 바로미터나 다름없었다. 대기업에 다니거나 '사'자가 들어가는 직업이면, 그가 실제로 어떤 사람이든 미래가 보장되는 걸로 여겨졌다. 하지만 언젠가부터 사람들 인식이 변하기 시작했다.

"걔 ○○전자 다니잖아. 얼마 전에 과장 달았다던데?"

"아휴, 요즘은 거기도 어렵다던데. 몇 살까지 버티려나."

내가 다니는 회사가 아니라 나 자신이 브랜드다

2016년 주요 13개 기업 신규 채용 인원은 총 8,800명이며, 한 해에 법원·검찰·대형 로펌에 들어가는 사람은 300~400명에 이른다. 9급 공무원 평균 경쟁률은 54대 1, 중등 임용고시 평균 경쟁률은 10대 1이다.

성장률 저하로 양질의 일자리가 급격하게 줄어들면서 '명문대 졸업장＝취업 치트키'(게임을 쉽게 플레이하기 위한 비밀 명령어)라는 공식은 무참하게 깨졌다. 취업 바늘구멍을 간신히 통과해도 '그래서 잘 먹고 잘 살았습니다' 하는 동화 같은 엔딩은 없다. 내 명함은 '평생보증서'가 아니라 '임시번호판'이다. 승진을 향한 사내정치와 성과경쟁에서 살아남지 못하면 당장 내일의 안위도 보장받지 못한다.

'사오정'(45세 정년)과 '오륙도'(56세까지 직장에 남으면 도둑)에 이어 '인생 2모작'이라는 말이 유행하더니, 이제는 '인생 3모작'도 부족해 '인생 4모작'이라고 한다. TV에서는 조만간 4차 산업혁명의 도래로 인공지능이 인간의 일자리를 대체한다고 경고한다. 이제 인공지능과도 일자리 경쟁을 해야 하는 시대다. 이런 위기의식 때문인지 '4차 산업혁명'이 아니라 '死차 산업혁명'이라는 말까지 나올 정도다.

"열심히 공부해서 안정적인 일자리를 구해라. 그 회사에 뼈를 묻을 각오로 열심히 일해라. 그래야 성공한다."

중학생도 이 말을 믿지 않는다. 세상의 규칙, 성공의 공식이 달라졌다. 직장이 내 평생을 보장할 안전망이 되지 못한다면 더는 단 하나의 직장에 목맬 이유도, 싫은 일을 억지로 할 이유도 없다. 이제는 일자리를 구할 게 아니라 스스로 일거리를 만들어야 한다. 내가 속한 회사나 직위에 기댈 게 아니라 스스로가 나의 가치를 증명해야 한다. 월급에 매여 싫은 일을 억지로 할 게 아니라 내가 좋아하는 분야에서 신나게 일해야 한다.

이런 일을 하는 사람이 바로 1인 브랜드다. 1인 브랜드는 새로운 시대의 새로운 성공 공식이다. 내가 어디 소속이고 어디 출신인지는 중요하지 않다. 스펙도, 학벌도 성공의 사다리가 되지 못하는 시대, 이제 낡은 사다리를 걷어차고 가장 나다운 것으로 나의 가치를 증명할 때다.

자기 가치를 스스로 만들고 증명하는 사람들

최근 개그우먼 송은이 씨가 핫이슈로 떠오르고 있다. TV에서 여성 예능인이 설 자리가 사라지자 송은이 씨는 색다른 행보를 한다. 역시나 설 자리를 잃어가던 개그우먼 김숙 씨와 함께 팟캐스트 〈비밀보장〉을 시작한 것이다. 이 팟캐스트가 무서운 기세로 인기를 끌면서 두 사람은 SBS 〈송은이, 김숙의 언니네 라디오〉로 지상파에 진출한다. 김숙은 〈비밀보장〉을 기반으로 각종 예능에 출연하면서 가부장주의를 비튼 '가모장주의'로 '걸 크러시', '갓 숙'으로 불리며 제2의 전성기를 맞는다.

〈비밀보장〉의 성공으로 송은이 씨는 본격 콘텐츠 제작회사 '컨텐츠랩 비보'를 만들고 팟캐스트 〈김생민의 영수증〉을 오픈한다. 이 팟캐스트 역시 "스튜핏!", "그뤠잇!", "돈은 안 쓰는 것이다" 등 주옥같은 명언을 제조하며 히트를 쳤고, 급기야 KBS 방송 프로그램으로 정규 편성된다.

송은이 씨는 여성 연예인을 밀어내는 지상파의 규칙을 정통으로 깨뜨리고 자기만의 새 판을 짰다. 자신과 후배들이 설 무대를 직접 만들었을 뿐 아니라 지상파로 역진출할 길도 닦았다. 1인 브랜드로서 '기획자 송은이'를 사람들 뇌리에 확실하게 새겼다. 자기 가치를 스스로 만들고 몸소 증명했다.

몇 년 전, 한 명문 의대에서 강연한 적이 있다. 의대생이니 앞날이 탄탄대로일 것 같지만, 불안한 미래를 걱정하는 건 그들도 마찬가지였다. 인상 깊었던 것은 의사로서 자기만의 브랜드를 고민하는 학생이 많았다는 점이다. '전문직 호황'도 옛말이고, 의사도 이제 자기 브랜드를 가져야 입지를 다질 수 있다는 것이다.

"TV 출연도, 책 집필도 누군가가 나를 발견해줘야 가능한 일이잖아요. 그런 기회가 없는 사람은 어떻게 자기 브랜드를 만들 수 있을까요?" 1인 브랜드가 어떤 사람들을 일컫는지 생각해보면 이 질문에 대한 답을 찾을 수 있다. 누가 나를 불러주길 기다릴 게 아니라 스스로 내 자리를 만드는 사람.

"유튜브를 시작해보면 어떨까요?"

의사가 환자를 만나는 방법은 두 가지다. 진료실과 '네이버 지식iN'이다. 의사로서 1인 브랜드를 만들기에는 두 방법 다 아쉬움이 있다. 진료실에서 환자를 진료하는 건 모든 의사가 다 하는 일이고, '네이버 지식iN'은 텍스트 기반이라 30대 이하에게는 덜 매력적이다. 이왕 환자 곁으로 한 걸음 더 다가가기로 했다면 효과적인 방법을 고민해봐야 하지 않을까. 특히 20~30대를 위한 다이어트나 성형, 치과 진료 등의 정보를 전달하려면 유튜브가 최적의 매체다.

요즘 20대 이하 모바일 사용자는 정보 검색을 포털이 아니라 유튜브에서 한다. 요리법, 화장법, 최신 IT 기기 사용법, 게임 공략법 등을 검색하는 것은 물론이고, 심지어 부동산도 유튜브로 검색한다. 이런 추세에 발맞추어 유튜브에서도 '유튜브 검색' 기능을 강화하기 위한 노력을 아끼지 않고 있다. 네이버 등 포털 사이트도 동영상 검색을 위한 콘텐츠 확보에 사활을 걸고 있지만, 유튜브에서 보유한 콘텐츠의 양과 종류가 압도적으로 월등해 따라잡기가 쉽지는 않을 것이다.

이미 일부 의사가 네이버 지식iN을 떠나 유튜브를 통해 환자에게 다가가고 있다. 의사는 모든 개성을 소독약으로 싹 지워버린

듯 차가운 느낌을 주는 경우가 많은데, 동영상 콘텐츠를 활용하면 이런 편견을 깨는 데 도움이 된다. 이웃처럼 푸근한 의사, 맛깔스런 입담을 자랑하는 재미있는 의사 등 자기만의 캐릭터를 확실하게 만들 수 있다. 의료 정보의 정확한 전달은 기본이다. 결국엔 자기만의 개성이 드러나야 1인 브랜드로서 존재감이 생긴다.

의사뿐 아니라 변호사, 회계사, 펀드매니저, 헤어디자이너, 건축가 등 전문직 종사자들이 팟캐스트나 유튜브 등 1인 미디어 플랫폼을 활용하여 자기만의 브랜드를 만들어가고 있다. 자기 전문 분야를 꾸준히 공부하고 성실히 일하는 것만으로는 부족하다. 이제 자기 능력을 적극적으로 어필하지 않으면 안 되는 시대다. 자기 자신을 브랜드로 만들지 않으면 연예인이든 전문직 종사자든 생존이 어려운 건 마찬가지다. 그런 의미에서 1인 미디어는 전문직 종사자가 자신의 브랜드 가치를 확실하게 정립하고, 자기 능력을 증명하는 가장 효율적인 수단이다.

1인 브랜드 만들기, 1인 미디어로 완성하라

사실 내가 1인 미디어에 도전하라고 가장 부추기고 싶은 사람은 바로 주부다. 살림 노하우부터 육아, 부동산, 요리, 패션, 인테리어에 이르기까지 수많은 정보를 누구보다 쉽고 친근하게 풀어낼 수 있는 사람이 바로 주부이기 때문이다. 실제로 한때 '파워

블로거'로 활동하며 자기만의 브랜드를 만들어간 사람들 상당수가 주부였다. 요리 블로그를 꾸준히 운영하다가 구독자 수가 늘면서 인터넷 반찬 가게를 오픈한 주부도 있고, 제품 리뷰를 쓰다가 전문 마케터로 변신한 주부도 있었다. 평범한 주부가 자기만의 브랜드를 성공적으로 구축해 창업과 취업에까지 이르게 된 것이다.

하지만 여전히 많은 주부들이 블로그와 카페에서만 활동하고 있는 현실이 참으로 아쉽다. 정보의 생산·유통·소비가 PC에서 모바일로, 텍스트에서 동영상으로 이동하는 추세인 만큼 주부들의 활동 공간에도 변화가 있어야 한다. 실제로 주부들이 지닌 노하우는 대개 텍스트나 사진보다는 동영상으로 풀어낼 때 더 효과적이다. 전복을 다듬고, 와이셔츠의 찌든 때를 제거하고, 아이옷을 리폼하는 과정을 동영상만큼 생생하게 전달할 수단이 또 있을까.

내 생각에 주부들이 블로그나 카페에서만 주로 활동하는 것은 영상 편집에 대한 두려움 때문인 듯하다. 하지만 영상 편집은 그다지 겁내거나 어려워할 일이 아니다. 조금만 연습하면 누구나 금세 할 수 있다. 유튜브에 올릴 동영상은 전문가 수준으로 찍고 고퀄로 편집할 필요가 없다. 콘텐츠만 확실하다면 기술적인 면은 크게 중요하지 않다.

무엇보다 유튜브는 블로그와 달리 제2의 통장이 될 가능성이 높다. 블로그 배너 광고는 단가가 낮아 수익을 기대하기 어렵다.

업체에서 상품을 제공받아 블로그에 리뷰를 올리는 방법도 있지만, 일단 대가성 리뷰를 쓰기 시작하면 콘텐츠의 신뢰도는 떨어진다. 반면 유튜브 동영상은 꾸준히만 올리면 구독자 수가 늘면서 안정적인 광고 수익을 기대할 수 있다. 노하우도 공유하고, 자신만의 브랜드도 키우고, 쏠쏠한 부업도 되니 1석 3조다.

내가 주부들의 유튜브 활용을 독려하는 데는 또 다른 이유가 있다. 요즘 초등학생들 장래희망 1위가 1인 크리에이터라고 한다. 초등학교 방과 후 수업에도 '1인 크리에이터 되기' 과정이 등장했다. 아이들은 새로운 플랫폼에 유연하게 대처하고 있는데, 부모들은 여전히 '1인 미디어는 막장 생방송'이라는 고정관념에 사로잡혀 있다.

내 시청자가 주로 17~30세 학생이라 교육 토론에 두 번 정도 초청을 받은 적이 있다. 그런 자리에 나가면 '1인 미디어는 공부에 방해되는 유해 매체'라는 어른들의 선입견과 자주 맞닥뜨린다. 급변하는 세상의 흐름을 수용하지 못하는 것이 안타깝다. 이제 성공 기준이 바뀌고 있다. 공부 열심히 해서 좋은 직장에 들어가는 것만이 성공이라는 구시대 기준은 시효성이 떨어진 고정관념이다.

유튜브라는 플랫폼은 이미 아이들과는 떼려야 뗄 수 없는 관계가 되었다. 2017년 11월 앱 조사기관 와이즈앱이 안드로이드 폰을 사용하는 10대를 대상으로 조사한 결과, 10대가 가장 오래 사용하는 앱은 유튜브였으며 한 달 동안 사용한 시간은 무려 1억

2,900만 시간이었다. 이는 10대가 네이버, 카카오톡, 페이스북을 사용하는 시간을 모두 합한 것보다도 훨씬 많은 시간이다.

유튜브가 10대에 미치는 영향을 부모가 이해하지 못하면 아이들과 소통·교감하기 어려운 것은 물론 아이들을 지도하는 데도 어려움이 따른다. 아이들은 유튜브 콘텐츠를 소비하는 데만 머무르지 않는다. 자기들만의 문화나 고민을 담은 콘텐츠를 직접 생산하는 아이들이 점점 많아지고 있다.

따라서 아이가 콘텐츠를 기획하고 생산하고 유통하는 모든 과정을 부모가 함께할 필요가 있다. 간혹 부모 지도 없이 아프리카 TV 생방송에 도전했다가 큰 실수를 하는 초등학생도 있다. 이런 일이 벌어진 데는 아이가 아니라 부모 책임이 크다. 부모가 이 분야에 진작 관심을 기울였다면 위험성이 큰 인터넷 생방송보다는 유튜브 편집 영상을 제작해보라고 지도할 수도 있었을 것이다.

4차 산업혁명을 대비해 다들 '코딩교육을 시켜라', '창의력을 키워라'라고 말한다. 그러면서 정작 돈도 시간도 들지 않는 효과적인 교육 수단이 아주 가까이에 있다는 사실은 간과하고 있다. 유튜브 콘텐츠를 기획하고 촬영하고 편집하는 과정이 바로 그것이다. 콘텐츠 제작이야말로 아이들의 기획력과 창의력을 키우는 가장 좋은 방법이 되리라 자신한다. 이 과정을 부모가 함께하면 아이들과 소통할 기회도 만들 수 있어 더욱 좋다.

연예인이든 전문직 종사자든 주부든 학생이든 누구에게나 브랜드가 필요한 시대다. 1인 브랜드를 잘 구축한 사람은 언제 어디서든 나만의 독창적인 아이디어를 발휘하며 스스로에게 가치를 부여한다. 불황에도 스스로 일거리를 창출하고, 창의적인 사고력으로 4차 산업혁명 시대를 주도한다. 가장 나다운 모습으로, 내가 좋아하는 분야에서 신나게 일한다.

취미, 전문분야, 특기, 뭐든 좋다. 주머니에 꽁꽁 숨겨두고 혼자서만 만지작거리던 '진짜 나'를 세상에 드러낼 때다. 바로 이런 것들이 나의 브랜드와 일자리를 만들 것이다. 그리고 새로운 시대, 새로운 성공 공식에 1인 미디어가 함께할 것이다.

[Chapter 2]

취미가 콘텐츠가 되는 시대

: 외톨이 덕후가 넘사벽 1인 브랜드가 되다

세상에
쓸데없는 일이란
없다

드라마 〈도깨비〉를 보는데 아내 융댕 님이 불쑥 물었다.

"당신은 도깨비처럼 영원히 살 수 있다면 어떨 거 같아?"

"진짜 좋을 거 같은데? 난 아무리 오래 살아도 안 지루할 거 같아. 시간 없어서 못했던 일도 실컷 할 수 있고…."

나를 키운 8할은 '쓸데없는 짓'

'시간 없어서 못했던 일'… 생각보다 좀 많다. 일단 게임이 있다. 게임 방송을 하니까 게임이라면 물릴 정도로 할 것 같지만, 그렇지도 않다. 재미있는 게임은 쏟아져 나오는데, 시간은 늘 부족하다.

독서도 그렇다. 서점 한번 나갈 때마다 30만 원 이상 책을 사오지만, 시간이 없어서(게으름 탓도 크고) 책꽂이에 모셔만 두고 있다. 내 서재에는 영상, 포토샵, 사진, 문학, 여행, 요리, 캘리그라피, 인테리어, 경제, 만화, 미술사, 역사, 심리학 등 다양한 분야의 책이 꽂혀 있다. 문학도서만 해도 미야베 미유키宮部みゆき의《모방범》부터 천명관의《고래》에 이르기까지 장르를 가리지 않는다. 그야말로 전방위적이다.

영상물도 잡다하게 섭렵하는 편이다. 일단 화제성 있는 개봉영화는 무조건 챙겨본다. 동영상 제작에 참고하기 위해서라기보다는 순전히 보고 싶어서 본다. 드라마도 좋아하는데, 국내 드라마는 물론이고, 중국, 일본, 영국, 미국 등 다양한 나라의 드라마를 가리지 않고 시청한다. 요즘은 시트콤〈오피스〉The Office와〈브루클린 나인-나인〉Brooklyn Nine-Nine을 재미있게 보고 있다. 이외에도 로맨틱코미디, 역사물, 스릴러, 형사물, 무협물 등을 두루두루 즐긴다.

나는 배우는 데도 욕심이 많은 편이다. 방송이나 광고를 잘하려면 표현력이 뛰어나야 하니까 연기를 기본기부터 탄탄하게 배우고 싶은 생각도 있다. 연기 학원보다 이왕이면 대학교 연극영화과에 진학하는 건 어떨까, 연기를 전공하려면 현대무용은 필수라는데 그럼 그것부터 해볼까 하는 생각들을 한다. 그래서 실제로 현대무용을 배우러 다닌 적도 있다. 허리 디스크 수술을 하는 바람에 얼마 못 가 그만두긴 했지만.

메이크업을 정식으로 배우고 싶어 정샘물 아카데미에 다니기도 했다. 일본에서 맛있는 라멘을 먹으면 맛보는 데서 끝나는 게 아니라 이 조리법을 배우려면 일본의 어느 학원, 어느 선생을 찾아가야 하는지를 검색하기 바쁘다.

일 욕심뿐 아니라 하고 싶고, 배우고 싶은 것도 이렇게 많으니 도깨비의 영생이 부러울 수밖에. 누군가는 여기 기웃 저기 기웃, 호기심을 감추지 못하는 내 모습에 혀를 끌끌 차면서 "쓸데없는 짓 하지 말고, 하는 일이나 잘 해!" 할지도 모른다. 고등학교를 졸업하고 하루 종일 비디오나 보고 있던 내게 어머니가 하신 말씀도 같았다.

"그런 쓸데없는 짓 좀 그만 하고, 차라리 밖에 나가서 술이라도 마셔라!"

나의 '쓸데없는 짓'의 역사는 어제오늘 일이 아니다. 어떻게 보면 지금의 대도서관을 만든 8할은 이런 '쓸데없는 짓'인지도 모른다.

쓸데없는 짓의 연대기 1 : 게임 대신해주는 소년

"지금의 대도서관을 만든 인생 경험을 꼽는다면 어떤 것들이 있을까요?"

한번은 일간지 기자님이 이런 질문을 한 적이 있다. 짧게나마 내 경험을 쭉 돌아보니 세 가지 정도가 떠올랐다.

하나는 학창 시절 경험이다. 중학생 시절, 내 관심사는 딱 두 가지였다. 게임과 농구. 농구야 친구들과 공터에서 공 튀기며 실컷 뛰면 그만이었는데, 게임은 그렇지가 않았다. 게임을 하고 싶어도 게임기가 없었다. 패미컴famicom(닌텐도에서 만든 게임 전용 8비트 컴퓨터)을 갖는 게 소원이었지만, 당시 우리 집 형편에는 상상조차 못 할 사치품이었다. 아버지는 하루 벌어 하루 술 마시다 집을 나가시고, 어머니가 포장마차로 우리 두 남매 생계를 책임지던 시절이었다.

지금도 그때를 떠올리면 사채업자들이 낡은 철 대문을 거칠게 두드려대는 소리가 귓가에 생생하게 들리는 것만 같다. 그들을 피해 집 안에 아무도 없는 척, 숨죽이며 웅크리고 있노라면 대문 두드리는 소리보다 내 심장 뛰는 소리가 더 크게 들렸다. 그리고 이내 두려움이 엄습하곤 했다. 이런 집안 형편에 아무리 철없는 중학생이라도 게임기 사달라는 소리가 쉽게 나올 리 없었다. 할 수 없이 일주일에 한 번, 게임기를 가진 친구 집에 놀러가 아케이드 게임을 하는 걸로 갈증을 달랬다. 당시 내가 하고 싶었던 게임은 〈드래곤 퀘스트〉나 〈파이널 판타지〉 같은 RPGRole Playing Game였지만, 이런 게임은 그야말로 그림의 떡이었다.

원하는 게임을 마음껏 할 수 없으니 유일하게 할 수 있는 건 상상이었다. 게임 전문 잡지에 실린 이들 게임 관련 기사를 읽고 또

읽으면서 머릿속으로 열심히 게임 플레이를 했다. 그래도 갈증이 풀리지 않으면 나만의 게임을 만들었다. 시공간 배경, 캐릭터, 몬스터, 무기 등을 내 멋대로 설정해 연습장 한 권에 빼곡하게 적어 나갔다. 서툰 솜씨로 만든, 연습장 안에만 존재하는 게임이었지만, 이걸 실제로 플레이하면 어떨까, 상상하는 것만으로도 하루가 뚝딱 가던 시절이었다.

그러다 고등학교 1학년인가, 2학년 때, 친척어른들이 주신 명절 용돈을 모으고 모아 드디어 패미컴을 손에 넣었다. 메가 드라이브(세가에서 발매한 16비트 가정용 게임기)나 슈퍼 패미컴 등 신형 게임기가 출시되면서 패미컴 가격이 내려간 덕이었다. 남들이 신형 게임기로 〈파이널 판타지 5〉를 즐길 때, 구형 패미컴으로 〈파이널 판타지 2〉를 플레이하면서도 나는 충분히 행복했다.

막상 플레이해보니 〈파이널 판타지 2〉는 난이도가 상당히 높은 게임이었다. 무엇보다 우리말 번역이 없어 일본어로 플레이해야 한다는 게 가장 큰 난관이었다. 게다가 퀘스트가 은유적이어서 무얼 어떻게 하라는 건지 정확히 파악하기 어려웠다. 그래도 쉽게 포기할 내가 아니었다. 우직한 태도로 임하며 시행착오를 거듭했고, 때로는 눈치로 때우면서 몇 날 며칠을 붙잡고 씨름한 끝에 간신히 게임을 클리어할 수 있었다. 그때 내가 느낀 성취감이란 말로 표현하기 어렵다.

게임을 클리어했다는 성취감과 기쁨은 '박애정신'으로 이어졌다. 〈파이널 판타지 2〉를 플레이하며 고구마 수십 개를 먹은 듯

한 답답함만 경험하고 끝내 클리어하지 못했던 친구들을 위해 무료 공략집을 만들기로 마음먹은 것이다. 연습장 한 장을 찢어 가로로 세 번 착착 접은 다음 깨알 같은 글씨로 공략법을 적어갔다. 이런 장소에서는 이런 키워드를 제시하면 다음 스테이지로 넘어갈 수 있다, 여기에서는 이런 아이템을 획득할 수 있다, 보스는 이런 식으로 공략해야 클리어할 수 있다 등등. 게임을 클리어하는 것도 힘들었지만, 과정마다 공략법을 정리하는 데도 상당한 노력과 시간이 들었다. 그야말로 나의 피, 땀, 눈물을 집대성한 공략집이었다.

이렇게 힘들게 만든 공략집을 내 돈을 들여 복사해서 친구들에게 무료로 나누어주었다. 일본어 까막눈에 공략집을 구할 수 없어 답답해했던 게임 마니아 친구들은 내 공략집이 풀리자마자 물 만난 고기떼처럼 몰려들었다. 나는 이전부터 게임 잘하는 애로 알려져 있었는데, 공략집 무료 배포 이후 더 유명해졌다. 어려운 수학 문제를 전교 1등에게 물어보듯이 까다로운 게임이 있으면 다들 나부터 찾았다.

"야, 동현아, 이거 어떻게 깨나?"

"아, 이거 죽어도 못 깨겠는데, 대신 좀 깨주면 안 되냐?"

값비싼 게임기를 들고 나를 찾아오는 친구들 덕분에 한창 유행하던 게임이란 게임은 다 해볼 수 있었다. 당시 정말 하고 싶었던 게임이 〈드래곤 퀘스트 5〉였는데, 집으로 나를 초대해 식사까지 대접해가며 그 게임을 깨달라던 친구도 있었다. 고등학교를 졸업할 때까지 내 게임기는 패미컴 하나였지만, 친구들 게임을 대신 해주면서 여러 게임기와 게임을 골고루 섭렵할 수 있었다.

그 옛날 게임을 대신 해주던 나동현이 지금의 대도서관이라는 걸 처음으로 알게 되었을 때, 동창 녀석들은 어떤 반응을 보였을까. "내 이럴 줄 알았지. 동현이 녀석, 그렇게 쓸데없는 짓만 골라서 하고 다니더니만⋯." 하면서 웃진 않았을까.

쓸데없는 짓의 연대기 2 : 하루 비디오 서너 편 보는 백수

지금의 대도서관을 만든 두 번째 경험은 고교를 졸업하고 군대에 가기 전까지 백수로 빈둥거리던 시절의 일이다. 믿을지 모르겠지만, 중학교 때까지만 해도 내 성적은 꽤 우수한 편이었다. 전교 13등을 한 적도 있다. 하지만 고등학교에서는 머리만 믿고, 벼락치기를 해서는 성적을 올릴 수 없었다. 그렇다고 공부에만 집중할 환경이 아니었다.

따로 사시던 아버지가 돌아가셨다는 소식을 들은 게 그즈음이었다. 폭음으로 간경화에 심근경색까지 앓으셨던 모양이다. 아버지가 가뭄에 콩 나듯 보내주셨던 돈까지 끊기니 집안 형편은 더 기울었다. 중학생이 된 여동생도 자꾸 밖으로만 돌기 시작했다.

어영부영 시간을 보내다 정신을 차려 보니 어느덧 대입 원서 접수 기간이었다. 어머니께 원서 접수비를 받아 대학교 접수처를 찾았다. 줄을 서서 순서를 기다리면서도 갈팡질팡 마음이 잡히지 않았다. 대학을 아예 못 갈 성적은 아니었지만, 대학에 가면 또 뭐하나 하는 생각이 들었다. 차라리 일찌감치 돈이나 벌어야 하는 건 아닌가 하는 마음도 있었다. 한참 망설이던 나는 원서를 접수하지 않고 그냥 집으로 돌아왔다.

어머니께는 원서 접수조차 안 했다는 말씀을 차마 드리지 못했다. 그때는 대학 포기가 어머니를 위한 최선이라고 생각했지만, 사실은 어머니 가슴에 대못을 박은 결정이었다. '내가 대학생이라도 되었다면 어머니는 당신 할 일을 다 했다고 느끼셨을 텐데', '그랬다면 돌아가실 때까지 자식 앞에서 당신을 죄인이라고 여기는 일도 없었을 텐데…' 후회의 마음이 가득 들어찼다. 하지만 후회는 언제나 늦게 찾아오지 않던가.

그렇게 대입을 포기하자 딱히 할 일이 없었다. 대외적으로는 재수생이었지만, 대학 갈 마음이 없었으니 실질적으로는 백수였던 셈이다. 군 입대를 앞두고 있어 본격적으로 일자리를 알아보기도 부담스러웠다. 용돈벌이 아르바이트를 하고, 남는 시간은 비디오를 보거나 게임을 하면서 보냈다.

당시만 해도 1,000원짜리 한 장이면 개봉한 지 좀 되는 비디오테이프를 서너 편 빌릴 수 있었다. 비디오 대여점에 출근 도장을 찍다시피 했다. 홍콩영화부터 예술영화까지 조금이라도 이름이 알려진 영화는 다 챙겨보았다. 영화만 많이 본 게 아니었다. 어머니 꾸지람도 같이 들었다.

"영화 본다고 밥이 나오니, 떡이 나오니. 그런 쓸데없는 짓 좀 그만 해라!"

아들이 하루 종일 방안에 틀어박혀 영화만 보고 있는데 마음 편할 부모가 어디 있겠는가. 그걸 잘 알면서도 나는 영화에 계속 탐닉했다. 현실 도피가 아니었다. 정말로 영화 보는 게 좋았다.

영화를 정식으로 공부한 적은 없지만, 하도 많이 보다 보니 영화 문법을 깨친 기분이 들었다. 처음에는 줄거리를 따라가기에만 급급했는데, 차츰 카메라 앵글, 화면 구성, 배우들의 연기, 조명, 장면 전환, 플롯 등이 눈에 들어오기 시작했다.

나중에는 '나 같으면 저 장면은 부감으로 찍었을 텐데…', '나 같으면 엔딩을 다르게 만들었을 텐데…' 하면서 시나리오 작가나 감독의 입장에서 영화를 보기 시작했다. 정말 잘 만든 영화를 보고 나면 나도 그런 영화를 찍고 싶다는 생각에 가슴이 부풀었다. 군대를 다녀오면 영화판에 뛰어들까 하는 진지한 고민도 했다.

하지만 현실은 내 맘에서 자라나는 꿈과는 무관하게 날 평가했다. 어떤 꿈을 꾸든 남들 눈에는 그저 할 일 없고 한심한 백수일 뿐이었다. 그런 내 처지를 가장 실감하는 날은 알다시피 명절이었다. 어릴 때는 아버지가 왜 그리 친척들 만나기를 싫어하는지 잘 몰랐는데, 이제야 아버지 마음이 조금은 이해되는 기분이었다.

"공부도 안 하고, 일도 안 하고, 하루 종일 게임하고 비디오만 본다면서? 나중에 뭐가 되려고 그러니."

"쓸데없는 짓하고 댕기라고 어머니가 그 고생하는 줄 알아?"

참 이상한 게 어른들 눈에는 여동생보다 내가 더 못 미더운 모양이었다. 여동생은 야무져서 제 밥그릇은 어떻게든 잘 챙길 텐데, 나는 쓸데없는 짓이나 하고 다니니 걱정이라고들 하셨다. 지금 생각하면 여동생한테는 소위 '스웨그'swag가 있었던 것 같다. 지금 당장은 빈손이지만 언젠가는 뭔가 이룰 거라는 당당한 분위기 같은 것 말이다.

반면 친척들 눈에 나는 영 신통치 않았던 모양이다. 스스로를 못 믿었던 적은 단 한 번도 없지만, 친척들 앞에만 서면 작아지는 기분이었다. 이런 경험이 있기 때문에 내 방송의 시청자들한테도 해줄 말이 많다. 취업이 안 돼서, 성적이 안 나와서 자신이 초라해 보인다는 시청자들에게 나는 스스로 당당해져야 남들한테도 그렇게 보인다고 말해준다.

"일부러 친척들, 친구들 피할 필요 없어요. 평생 아무것도 못할 사람처럼 굴지 마세요. 내가 먼저 위축되니까 남들도 나를 한심하게 보는 거예요. 이럴 때일수록 자신을 믿고 당당한 사람, 기대감을 주는 사람이 돼야 해요."

쓸데없는 짓이나 하고 다닌다며 손가락질 당해본 사람만이 해줄 수 있는 충고다. 지금 아무것도 아니라고 해서 영원히 아무것도 아닌 건 아니라고, 남들 눈에 쓸데없어 보이는 일도 내게는 또 다른 가능성을 만들어내는 일일 수 있다고, 스스로 그렇게 믿어야 한다. 그게 백수 시절 2년 동안 내가 배운 것이다.

남들 보기에는 어땠을지 몰라도 내 백수 시절은 나름 행복했다. 좋아하는 영화와 만화를 실컷 보고, 친구들 만나서 게임도 하고, 힘들지 않을 만큼 아르바이트를 하면서 보낸 시간이었다. 앞으로 뭘 할지 또 뭘 하고 싶은지 전혀 몰랐지만, 초조하거나 불안하지 않았다. 마음만 먹으면 뭐든 잘하고, 잘될 것만 같았다.

그렇게 행복한 백수로 2년을 지낸 뒤 군대에 갔고 제대를 했다. 그리고 지금의 대도서관을 만든 세 번째 경험을 하게 된다. 바로 세이클럽 라디오 방송이다.

어린 시절의 나는 커서 뭐가 되고 싶으냐는 어른들의 질문이 참 싫었다. 이 질문에 머뭇대면 왠지 어른들을 실망시키는 것 같았다. 그래서 딱히 되고 싶은 것도 아니었으면서 일종의 모범답안처럼 "라디오 PD가 되고 싶어요."라고 대답했다.

지금도 가끔씩 생각해본다. 왜 하필이면 라디오 PD였을까.

아버지는 한때 음악다방 DJ였다. 명문대 학생이었지만, 공부보다는 드럼에 더 빠져 있었다고 했다. 그러다 공무원이 되라는 친할아버지 말씀에 반발해 아예 학교를 자퇴하고 음악다방 DJ로 일했다. 그 음악다방에 어머니가 우연히 손님으로 찾아가면서 두 분의 인연이 시작되었다. 드러머를 꿈꾸던 아버지는 그렇게 결혼을 했고 두 아이의 아버지가 되었고 철물점 주인이 되었고 주정뱅이가 되었고 쪽방에서 피를 토하며 외롭게 돌아가셨다.

어렵던 시절에도 우리 집에는 고급 오디오 시스템과 LP가 있었다. 하지만 음악을 들은 기억은 거의 없다. 아버지가 오디오 시스템을 신주단지 모시듯 하며 근처에 얼씬도 못하게 하셨기 때문이다. 내가 음악을 본격적으로 들은 건 고등학생 때, 사촌형의 카세트테이프 플레이어를 물려받은 뒤였다. 서태지와 아이들, 넥스트, 쿨, HOT의 노래를 테이프가 늘어지도록 듣고 또 들었다.

〈이문세의 별이 빛나는 밤에〉 등 라디오 방송을 듣기 시작한 것도 그 무렵이다. 라디오를 들으면서도 '내가 PD였다면 이런 사연에는 이런 음악을 틀었을 텐데, 이 코너에는 이 게스트를 초대했을 텐데…' 하고 궁리하기 바빴다. 어릴 때부터 앵무새처럼 되풀이한 "커서 라디오 PD가 되고 싶어요."라는 말을 그제야 진지하게 곱씹어보기도 했다.

이렇게 라디오 키드로 자란 경험 때문이었을까. 아니면 음악 다방 DJ를 하셨던 아버지 피를 물려받았기 때문일까. 제대 후 나는 무언가에 이끌리듯 자연스럽게 세이클럽 라디오 방송을 시작했다.

당시는 세이클럽 라디오 방송이 한창 주가를 올리던 때였다. 사연 소개하고 음악 틀어주는 포맷은 공중파 라디오와 같았지만, 아나운서나 연예인이 아닌, 일반인이 DJ를 한다는 점이 신선하고 친밀한 느낌을 주었다. 재미 삼아 몇 번 듣다가 DJ 모집 공고를 보고 가벼운 마음으로 녹음 샘플을 보냈는데 덜컥 합격을 했다.

얼결에 일주일에 4일, 밤 시간대에 2시간씩 가요 프로그램을 진행하는 DJ가 되었다. 인터넷 라디오 방송이라도 제법 체계가 있었다. 대본은 없었지만 작가와 PD가 함께 사연을 추리고 선곡을 하며 프로그램의 분위기와 콘셉트를 유지해갔다. 생방송답게 즉석에서 사연이나 신청곡도 받았다. 지금 생각하면 당시 라디오를 진행했던 경험이 1인 미디어에 관심을 갖고 자신 있게 뛰어든 계기가 된 것 같다. 라디오 방송은 수용자와의 소통이 매우 중요하다는 점에서 1인 미디어와 닮은 매체다. 세이클럽 라디오 방송을 진행하면서 실시간 소통이 얼마나 신나고 짜릿한지 그 매력을 톡톡히 맛보았다. 그뿐 아니다. '목소리가 성시경 씨를 닮았다', '진행을 정말 편안하게 잘한다'라는 칭찬도 많이 들었다.

어린 시절 나는 오락부장 스타일은 아니었다. 친한 친구들과 있을 때는 우스갯소리도 곧잘 하고 익살도 부렸지만, 여러 사람들 앞에서는 낯을 가렸고 부끄러움도 많이 탔다. 학창 시절만 해도 내게 '끼'라고는 눈곱만큼도 없는 줄 알았다. 그러던 내가 몇 년 후 수만 명의 팬들 앞에서 여장을 한 채 〈Cutie honey〉를 부르게 될 줄이야(그 공연 후에도 내 곁을 떠나지 않은 팬들에게 심심한 감사를 전한다)!

그 끼를 처음으로 확인한 계기가 바로 세이클럽 라디오 방송이었다. 많은 시청자들과 실시간으로 소통하며 자연스럽게 이야기를 이끌어가고, 농담도 던지는 내 모습에 스스로도 놀랐다. 처음으로 내가 무얼 잘하는지 알게 된 순간이었다. 인터넷 방송으로 유명해지고 얼마 뒤, 친척 한 분이 내게 이런 말씀을 해주셨다.

"네 방송을 보고 깜짝 놀랐다. 네 아버지가 음악다방에서 DJ하던 때랑 어쩌면 그렇게 목소리가 똑같은지…. 목소리만 듣고는 네 아버지가 살아 돌아온 줄 알았지 뭐니."

아버지한테 물려받은 건 하나도 없는 줄 알았는데, 그게 아니었던 모양이다.

나만의 '쓸데없는 짓'이 숨겨진 보물이다

지금의 대도서관을 만든 경험 세 가지를 꼽다 보니 마치 인생 절반을 회고한 기분이다. 주절주절 여러 이야기를 늘어놓았지만, 결론은 남들 눈에는 쓸데없는 짓으로 보일 수도 있는 일이 효자 노릇을 한다는 점이다.

게임 공략집을 무료 배포한 중학생 시절은 그나마 낫다. 원래 그 나이는 쓸데없는 짓만 할 때 아닌가. 그런데 군대 가기 전 백수 시절에 비디오를 하루 서너 편씩 보던 일은 정말 변명의 여지가 없는 '쓸데없는 짓'이다. 제대 후 했던 세이클럽 라디오 방송일도 그렇다. 월급은커녕 차비 한 푼 받지 못한, 그야말로 무료봉사였으니까.

하지만 그런 '쓸데없는 짓'을 하지 않았다면 지금의 대도서관은 아마 없었을 것이다. 마흔을 훌쩍 넘긴 내 안에는 고난도 게임을 클리어한 노하우를 친구들과 나누고 싶어 엉덩이가 들썩이는 열네 살 소년이 있다. 또 영화와 게임 영상을 반복해 보면서 나만의 이야기를 나만의 방식으로 찍고 싶어하던 스물한 살 백수도 있다. 심야 라디오 방송을 진행하면서 애청자와 소통하는 맛을 알아가고, 숨어 있던 자신의 끼를 발견한 스물여섯 살 청년도 있다. 1인 크리에이터 대도서관은 남들이 아무짝에도 쓸데없다고 치부하던 일들을 거듭한 결과로 만들어졌다.

남들이 쓸데없는 짓 한다며 혀를 끌끌 차는데도 굳이 열심히 하는 이유는 그 일이 재미있고 신나기 때문이다. 그 일이 내 인생에 아무런 도움이 안 된다고 해도 그걸 하는 동안은 숨통이 트이기 때문이다. 내가 남보다 그 일을 잘 알고, 잘한다고 자부할 수

[대도서관의 쓸데없는 짓의 목록]

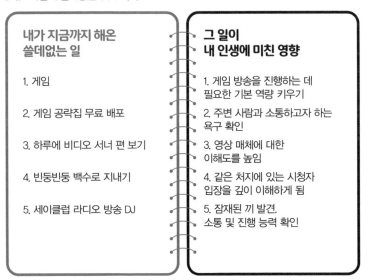

내가 지금까지 해온 쓸데없는 일	그 일이 내 인생에 미친 영향
1. 게임	1. 게임 방송을 진행하는 데 필요한 기본 역량 키우기
2. 게임 공략집 무료 배포	2. 주변 사람과 소통하고자 하는 욕구 확인
3. 하루에 비디오 서너 편 보기	3. 영상 매체에 대한 이해도를 높임
4. 빈둥빈둥 백수로 지내기	4. 같은 처지에 있는 시청자 입장을 깊이 이해하게 됨
5. 세이클럽 라디오 방송 DJ	5. 잠재된 끼 발견. 소통 및 진행 능력 확인

있기 때문이다. 결국 그 일을 통해 진짜 나를 찾고, 더 행복해질 수 있기 때문이다. 이것이 내가 쓸데없는 짓에 주목하는 이유다. 아무짝에도 쓸데없어 보이지만 내가 좋아서 열심히 하고 있는 일이 있다면 그것이야말로 내가 진짜로 원하고 잘할 수 있는 일인지도 모른다.

만일 나만의 독창적인 1인 브랜드를 만들고자 한다면, 본업 말고 또 다른 직업을 찾고 싶다면 요즘 어떤 직종이 잘나가는지, 어디로 돈이 몰리는지, 주변을 두리번거릴 게 아니라 나 자신부터 들여다보아야 한다. 내가 지금까지 해온 쓸데없는 짓은 무엇인가? 남들 눈에 한심해 보일지라도 내가 순수한 기쁨을 느끼며 몰입해온 일은 무엇인가?

잘 모르겠다면 부모님 또는 배우자가 분노의 등짝 스매싱을 날리며 "쓸데없는 짓 좀 그만 해!", "그런 쓸데없는 데 돈 좀 쓰지 마!" 하던 순간을 떠올려보자. 그때 당신이 하고 있던 일이 바로 그 '쓸데없는 짓'이다.

[_____의 쓸데없는 짓의 목록]

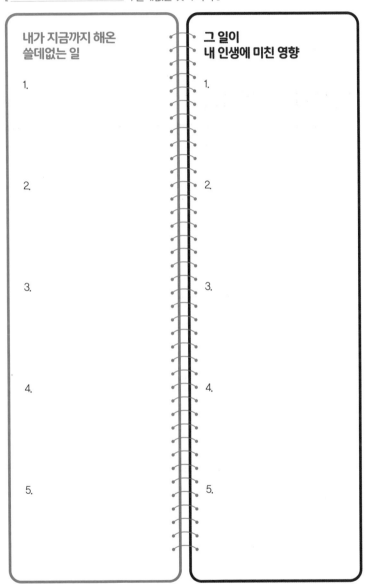

**내가 지금까지 해온
쓸데없는 일**

1.

2.

3.

4.

5.

**그 일이
내 인생에 미친 영향**

1.

2.

3.

4.

5.

덕력에

재능을 더하면,

그것이 바로 덕업일치

'쓸데없는 짓'만 잔뜩 하며 살던 백수 시절, 나는 자타공인 영화 덕후였다. 당시 영화잡지를 뒤적이다가 인상적인 문구를 읽었다. 누벨바그의 대표주자로 꼽히는 프랑스의 영화감독, 프랑수아 트 뤼포Francois Roland Truffaut가 한 말이다.

"영화를 사랑하는 첫 단계는 같은 영화를 두 번 보는 것이다. 두 번째 단계는 영화평을 쓰는 것이다. 그리고 세 번째 단계는 영 화를 만드는 것이다. 그 이상은 없다."

이 멋진 말을 요즘말로 옮겨보면 이렇다. '성덕'(성공한 덕후)과 '덕업일치'(덕질과 직업이 일치하다. 자기 관심사를 직업으로 삼다). 다시 말해 관심 분야의 소비자나 향유자로만 머물 게 아니라 생 산자, 창조자가 돼라는 말이다. 그것이야말로 자기 관심 분야를 사랑하는 최고 단계, 즉 '성덕'의 경지라는 뜻이다.

어떤 한 분야에 푹 빠져본 사람은 이해할 것이다. 하루에 비디오 서너 편을 섭렵하던 시절, 내가 영화감독을 꿈꾸었던 것처럼 어떤 분야에 대한 관심과 사랑이 깊어지면 단순히 즐기고 향유하는 것만으로는 갈증이 채워지지 않는다. 내가 좋아하고 사랑하는 분야를 향해 한 걸음 더 다가가고 싶어진다.

통찰력을 키우는 주문, '나라면 어땠을까'

트뤼포 감독이 말한 첫 번째 단계, 즉 같은 영화를 두 번 이상 보는 것이 우리가 무언가에 푹 빠지는 경험을 뜻하는 것이라면 두 번째 단계, 즉 영화평을 쓰는 것은 평론가가 돼라는 것이다. 평론가가 할 일이란 무엇일까. 잘한 점, 아쉬운 점, 앞으로 더 발전하기 위해 필요한 점을 매의 눈으로 파악하고, 비전문가가 해당 분야에 더 쉽게 접근할 수 있게 다리 역할을 하는 것이다.

내 경우에는 실제로 영화평을 쓰진 않았지만 머릿속으로 비슷한 단계를 거쳤다.

'내가 감독이라면 여자 주인공을 더 빨리 등장시켰을 텐데….'

'저 장면은 낮은 앵글로 잡아야 분위기가 더 살 텐데….'

'와, 이런 상황에 담담한 대사가 들어가니까 더 슬프구나. 좋은 아이디어네.'

영화를 보는 내내 쉴 새 없이 '나라면…'이라는 가정법을 대입해보았다. 이런 가정법은 영화에만 적용되는 것은 아니다. 하다못해 문방구에서 문구류를 구경하면서도 '나라면 이런 재질로 연필을 만들 텐데', '이런 디자인의 문구가 나오면 당장 살 텐데' 하고 생각한다. 자장면을 먹을 때도 마찬가지다. '나라면 이런 모양의 그릇을 쓸 텐데', '나라면 쿠폰 적용을 다르게 할 텐데'라고 생각한다. 어디서 무얼 하든 내 머릿속은 무언가를 궁리하기 바쁘다. 세상만사가 다 '나라면'으로 통한다.

참 피곤하게 산다고 생각할지도 모르겠다. 그런데 숨 쉬듯 자연스럽게 몸에, 아니 머리에 밴 습관이라 정작 나는 힘든 줄 잘 모른다. 오히려 재미있다. 진화심리학 책을 뒤적이다가 본 내용인데, 사람이 '나라면 어땠을까' 하고 머릿속으로 상상해보는 것은 미래에 이런 비슷한 상황이 생겼을 때 어떻게 대처할지 미리 생각해두는 효과가 있다고 한다. 진짜 그런 상황이 닥쳤을 때 실수 없이 최대한 빠르고 효과적으로 대처하기 위한 생존 전략이라는 것이다.

이 말이 사실이라면 나는 일상에서 영화감독, 드라마PD, 예능 프로그램 작가, 문구 디자이너, 자장면 가게 사장 등등 여러 직업에 늘 대비하고 있다는 뜻이다. 그래서인지 나는 어떤 상황에서도 아이디어 걱정을 해본 적이 없다. 어떤 게임을 플레이하든, 어떤 광고가 들어오든 억지로 쥐어짜지 않아도 아이디어가 떠오른다. 어떤 소재든 재미있게 풀 자신이 있다.

성덕이 되기 위한 첫 번째가 일단 덕후가 되는 것이라면, 두 번째는 '나라면 어땠을까' 상상하며 시뮬레이션을 돌려보면서 끊임없이 비평하는 것이다. 이런 과정을 거치지 않으면 아무리 많은 경험을 했다고 해도 온전한 나의 것이 되지 않는다.

덕업일치의 조건, 내 구미에 맞는 것을 만들어라

트뤼포 감독이 말한 세 번째 단계는 감독이 되는 것이다. 덕후가 되었고 비평도 해봤으니, 이제 직접 만들어보아야 한다. 그런데 모두가 트뤼포 감독 같은 재능을 갖고 있지는 않다. 좋아하는 영화를 두 번, 세 번 반복해서 보고 '나라면' 하고 시뮬레이션을 돌려볼 수는 있어도 실제 명작을 만들기란 쉬운 일이 아니다.

그렇다고 너무 절망하지는 말자. 요즘처럼 세분화한 전문가의 시대에 영화를 사랑하는 방법이 고작 한 가지뿐일 리가 없잖은가. 영화현장에서 일하는 전문 인력이 되어도 좋고, 영화 배급 및 수입사에서 일해도 좋고, 영화 전문 기자나 리포터가 되어도 좋다.

그럼 이 많은 직종 중에 무얼 택할까? 분야는 내가 좋아하는 것에서 골랐으니 직종은 잘하는 것에서 고르도록 하자. 아무리 내가 영화를 좋아한다고 해도 글을 잘 못 쓰면 영화 전문 기자로서 행복할 리 없다. 마찬가지로 타인을 서툴게 대하는 사람이 마케터로 일하기도 쉽지 않을 것이다.

나는 게임을 좋아하지만, 프로게이머가 될 만큼 실력이 출중하진 않았다. 그렇다면 난 무얼 잘할까를 고민했다. 입대를 앞두고 《게임피아》라는 게임 전문 잡지를 즐겨 읽던 때가 있었다. 당시 〈울티마 온라인〉이라는 게임이 선풍적인 인기였는데, 한 기자가 이 게임 안에서 '음유시인'이라는 직업을 선택하여 게임 세상 곳곳을 돌아다닌 이야기를 연재했다. 그러니까 음유시인의 유랑기 또는 생존기라고 할 수 있겠다. 음유시인은 도시에 들어와 상점을 구경하다가 소매치기를 당하기도 하고, 누군가의 집에 초대를 받아 놀러가기도 하고, 갑자기 나타난 산적에게 혼쭐이 나기도 한다.

처음 이 기사를 읽었을 때 굉장한 충격을 받았다. 보스를 제압하고 게임을 클리어하는 공략 소개 기사는 많이 봤어도 게임 캐릭터 시점에서 쓴 유랑기라니! 게임에 스토리텔링을 입히면 전혀 새로운 재미가 만들어진다는 사실을 깨달았다.

글을 잘 쓰면 블로그에 게임 리뷰라도 올릴 텐데, 게임 관련해서 내가 무엇을 잘하는지 잘 모르던 때였다. 그런데 이 기사를 보고 비로소 내 특기를 발견했다. 바로 스토리텔링 능력이었다. 어릴 때부터 내가 특출하게 잘하는 것이 스토리텔링이었다. 오락실에서 친구와 나란히 앉아 2인용 게임을 하면서도 입으로는 끊임없이 촉새처럼 떠들어댔다. 타고난 입담에 백수 시절을 거치면서 다양한 영상물과 잡다한 책들까지 섭렵했으니, 스토리텔링이라면 누구와 붙어도 자신이 있었다.

내가 제일 잘하는 것과 제일 좋아하는 것을 접목하면 어떤 시너지가 발생할까. 게임을 플레이하면서 공략에 주력할 게 아니라 스토리텔링을 가미해 유쾌한 예능 방송으로 풀어내자! 이 아이디어가 바로 대도서관 콘텐츠의 시작이다.

트뤼포 감독의 명언을 덕후 시점에서 다시 옮겨보면 이렇게 정리할 수 있다. 덕업일치 첫 단계는 일단 내가 좋아하는 분야를 발견해 덕후가 되는 것이다. 두 번째 단계는 그 분야를 즐길 때마다 '나라면'을 대입해 통찰력을 키우는 것이다. 세 번째 단계는 그 분야에서 내 특기를 살려 일하는 것이다. 좋아하는 일과 잘하는 일의 '컨버전스'convergence를 시도하라는 뜻이다.

[대도서관이 좋아하는 일과 잘하는 일]

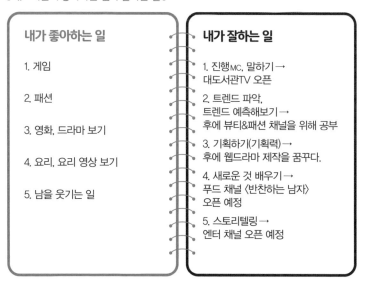

내가 좋아하는 일

1. 게임

2. 패션

3. 영화, 드라마 보기

4. 요리, 요리 영상 보기

5. 남을 웃기는 일

내가 잘하는 일

1. 진행MC, 말하기→
대도서관TV 오픈

2. 트렌드 파악,
트렌드 예측해보기→
후에 뷰티&패션 채널을 위해 공부

3. 기획하기(기획력)→
후에 웹드라마 제작을 꿈꾸다.

4. 새로운 것 배우기→
푸드 채널 〈반찬하는 남자〉
오픈 예정

5. 스토리텔링→
엔터 채널 오픈 예정

내가 좋아하는 일을 찾았고, 그 일을 나의 특기와 어떻게 접목할 것인지 해답을 찾았다면 이제 내 가능성을 본격적으로 시험해볼 때다. 자, 이제 덕업일치를 향한 마지막 종착지, 디지털 플랫폼으로 가보자.

[_____가 좋아하는 일과 잘하는 일]

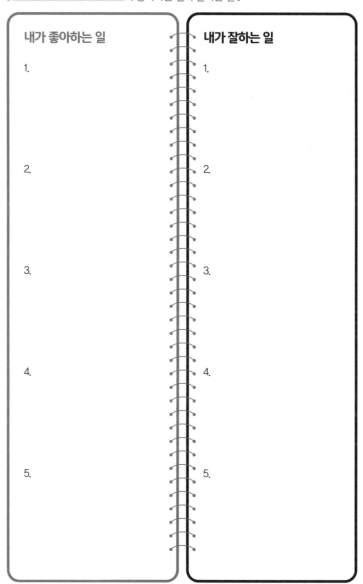

내가 좋아하는 일

1.

2.

3.

4.

5.

내가 잘하는 일

1.

2.

3.

4.

5.

덕후들을 위한
기회의 땅,
디지털 플랫폼

tvN 〈알쓸신잡 2〉의 출연진 유현준 건축가가 인터뷰 자리에서 자신이 쓴 책 《도시는 무엇으로 사는가》를 가리켜 신데렐라의 유리 구두와 같다고 말하는 걸 들은 적이 있다. 신데렐라가 유리 구두 덕분에 이전과 완전히 다른 삶을 살게 된 것처럼, 자신도 이 책을 낸 후 여러 방송 매체에 출연할 기회가 생겨 더 많은 이들과 소통하는 등 이전과는 다른 삶을 살게 되었다는 이야기였다. 그의 말이 꽤 인상 깊게 들렸다.

그 비유가 재미있어서 내 삶에도 유리 구두 같은 기회가 있었는지 곰곰이 생각하며 되돌아보았다. 두 번 생각할 것도 없이 나의 첫 도전, 다음TV팟 〈문명 5〉 방송이 떠올랐다.

첫날부터 기대 이상으로 반응이 좋았지만, 방송 일주일 만에 간디에게 핵폭탄을 날렸다가 도리어 망하는 내용이 전개되면서 엄청난 인기몰이를 했다. 그 방송을 기점으로 평범한 직장인 나동현은 1인 크리에이터 대도서관이 되었다. 그야말로 삶이 180도 달라진 것이다.

디지털 플랫폼이 만든 우리 시대의 신데렐라

사람들은 여전히 신데렐라 스토리를 좋아한다. 돈과 권력이 있는 배우자를 만나 신분상승하는, 막장 드라마에나 나올 법한 낡은 플롯이 아니라 극적인 인생역전을 좋아한다는 뜻이다. 자고 일어났더니 스타가 되었다거나 작은 아이디어 하나로 대박을 터뜨렸다거나 하는 이야기 말이다.

찾아보면 우리 주변에도 그런 신데렐라 이야기가 꽤 있다. 대표적인 사례가 바로 싸이다. 싸이의 〈강남스타일〉 뮤직비디오는 2017년 11월 기준 유튜브 30억 뷰를 돌파했다. 유튜브에 공개한 지 100일 만에 5억 뷰를 돌파하더니 기세를 몰아 빌보드 메인차트 'HOT 100'에서 7주 연속 2위, 미국 아이튠즈 뮤직비디오 차트 1위를 기록하며 전 세계적으로 열풍을 일으켰다. 잘 만든 뮤직비디오 하나로 순식간에 글로벌 스타가 된 것이다.

'여고생 아델'로 불리는 이예진 양도 우리 시대의 신데렐라라 할 만하다. 교복을 입은 채 아델의 〈Hello〉를 열창하는 이예진 양의 동영상은 공개 일주일 만에 1,000만 뷰를 달성하며 엄청난 화제를 모았다. 아이돌 연습생도, 오디션 프로 참가자도 아니었던 이예진 양은 이 동영상 하나로 하루아침에 스타가 되었고, NBC 유명 토크쇼 〈엘렌 드제너러스 쇼〉The Ellen DeGeneres Show에도 출연했다. 당시 나 역시 이예진 양의 노래를 듣고 팔에 소름이 돋을 만큼 감동을 받았던 터라 그녀의 근황이 궁금했는데, 검색해보니 현재 이예진 양은 간간이 무대에 서면서 앨범을 준비 중이라고 한다.

싸이나 이예진 양은 갑자기 하늘에서 뚝 떨어진 사람들이 아니다. 싸이는 열정적이고 유쾌한 모습으로 많은 사랑을 받는 가수였다. 이예진 양은 실용음악고등학교 학생이었다니 아마도 꾸준히 가창 훈련을 해왔을 것이다. 이들이 글로벌 스타가 된 것은 재능에 꾸준한 노력이 더해진 덕분이다.

그런데 그것만으로는 이들이 하루아침에 신데렐라가 된 이유를 설명하기 어렵다. 제아무리 마음씨 곱고 아름다운 신데렐라라해도 유리 구두를 신지 않았다면 궁전에 발을 들이기 어려웠을 것이다.

싸이나 이예진 양에게도 신데렐라의 유리 구두 같은 기회, 자기 가치를 전 세계에 증명할 특별한 기회가 있었다. 바로 디지털 플랫폼이다. 그들이 자기 창작물을 디지털 플랫폼에 올리지 않았다면 오늘날의 글로벌 스타 싸이, 여고생 아델 이예진 양은 없었을 것이다.

디지털 플랫폼은 21세기 유리 구두다

이 둘의 사례가 나와는 관계없는 딴 세상 이야기로 들리는가. 그렇다면 이런 사례는 어떨까. 지난 2014년, 유학 경험도 없고 국내 대기업 입사에도 실패한 평범한 대학생이 애플 디자이너로 전격 발탁되어 화제를 모았다. 당시 홍익대학교 디지털미디어디자인학과 졸업 예정자였던 김윤재 씨 이야기다. 더 놀라운 건 애플 측에서 그의 잠재력을 먼저 알아보고, 면접을 위한 왕복 비행기 표를 보낼 정도로 적극적으로 구애했다는 사실이다. 어떻게 김윤재 씨에게 이처럼 놀라운 일이 벌어졌을까.

김윤재 씨는 평소 여행 관련 아이콘을 디자인하는 걸 좋아했고, 자기 창작물을 디자인 사이트 비핸스Behance에 꾸준히 올리고 있었다. 마침 존 마에다John Maeda라는 유명 그래픽 디자이너가 김윤재 씨의 디자인을 눈여겨보고 이를 자기 트위터에 소개한다. 이 일을 계기로 애플을 포함한 미국 유수 기업의 러브콜이 쏟아지기 시작한 것이다.

만일 김윤재 씨가 자기 창작물을 혼자 간직하고 있었다면, 디지털 플랫폼에 공개하지 않았다면 애플에서 그의 잠재력을 알아보았을 리 없다. '비핸스'라는 디지털 플랫폼이 김윤재 씨에게 이전과는 전혀 다른 삶을 살 기회를 주었다. 그야말로 신데렐라의 유리 구두 역할을 한 셈이다.

우리는 자기 능력과 가치를 증명하기 위해 많은 노력을 한다.

사교육을 받고, 토익 시험을 보고, 각종 자격증을 따고, 학점을 관리하고, 봉사활동을 하고, 유학을 떠나고, 어학연수를 가고, 인턴을 한다. 하지만 과연 이런 것들이 나를 온전히 보여줄 수 있을까. 나의 재능, 매력, 가치를 졸업장, 자격증, 성적표, 학위로 증명할 수 있을까. 아니 오히려 그 반대일 것이다. 나의 잠재력과 가치를 온전히 보여주고 평가받을 방법이 없으니 소위 스펙이라는 획일화된 잣대에만 매달리는 것인지도 모른다.

하지만 이제는 세상이 달라졌다. 누구라도 언제 어디서나 전 세계를 상대로 자신만의 개성을 보여줄 수 있다. 내 능력과 가치를 드러낼 수 있다. 내가 어떤 사람인지, 무엇을 잘하고, 어떤 잠재력이 있는지, 지금 어떤 결과물을 내고 있는지 증명할 수 있다.

디지털 플랫폼에 내 창작물을 올리면 이 모든 일이 가능해진다. 글, 그림, 노래, 연기, 운동, 요리, 인테리어, 디자인, 꽃꽂이, 무엇이라도 좋다. 자기가 잘하는 일, 관심 있는 일을 창작물로 만들어 디지털 플랫폼에 올리면 누군가는 반드시 본다.

디지털 플랫폼은 우리의 스펙에 관심이 없다

지금까지는 내가 일하고 싶은 곳에 찾아가 그들이 요구하는 틀에 맞춰 나를 홍보해야 했다. 배우 지망생은 오디션을 보고, 작가 지망생은 투고를 하고, 입사 지망생은 시험을 통과해야 했다. 하지만 디지털 플랫폼 세상에서는 이 법칙이 완전히 뒤집힌다.

이제 연예기획사, 출판편집자, 인사담당자 들이 디지털 플랫폼을 주시하고 있다. 재기발랄한 동영상 하나로 배역을 따고, 트위터에 꾸준히 올린 세 줄짜리 글로 시인이 되고, 블로그에 올린 화장품 리뷰로 마케터가 될 수 있다.

또한 디지털 플랫폼은 선입견이 없다. 싸이는 YG라는 대형 기획사 소속이라 유튜브에서 성공한 것이 아니다. 이예진 양은 평범한 여고생이었고, 김윤재 씨는 유학은커녕 그 흔한 어학연수 한번 다녀온 적이 없었다고 한다. 그럼에도 그들은 성공했다. 디지털 플랫폼은 우리 스펙에 관심이 없다. 내가 흙수저든 금수저든, 유학파든 국내파든, 명문대든 아니든 신경 쓰지 않는다. 중요한 것은 내가 가진 콘텐츠다.

세상이 내 재능을 몰라준다고 한탄하는 시대는 갔다. 재능이 있고 그것을 디지털 플랫폼에서 제대로만 보여준다면 기회는 반드시 온다. 그런 의미에서 디지털 플랫폼은 21세기 유리 구두다. 유리 구두가 신데렐라를 궁전으로 안내했듯이 디지털 플랫폼은 우리를 새로운 기회, 전과는 전혀 다른 삶으로 이끌 것이다.

디지털 플랫폼에서 덕밍아웃하라

특히 앞서 내가 말한 '쓸데없는 짓'에 몰두하고 있는 사람이라면 반드시 디지털 플랫폼을 활용해야 한다. '쓸데없는 짓'은 순수한 즐거움을 위한 활동이라는 점에서 '취미'와도 뜻이 통한다고 할 수 있다. '취미'라고 하면 왠지 음악 감상, 영화 감상, 독서 등 고상하고 쓸모 있는 활동부터 떠오르긴 하지만.

비슷한 말로 '덕질'도 있다. 예전에는 '덕후'라는 말이 부정적으로 쓰이는 경우가 많았다. 혼자만의 취미에 빠져 사는 외톨이나 사회에 잘 적응하지 못하는 사람이라는 느낌이 강했다. 하지만 요즘은 이들의 신통방통한 '덕력'을 전문성으로 인정하는 분위기가 생겨나면서 '덕후=전문가'라는 공식이 자리 잡았다. 그리고 덕후가 자기 관심 분야를 집중적으로 파는 일을 가리키는 '덕질'이라는 말도 긍정적인 의미를 갖게 되었다.

나는 '덕후'들야말로 디지털 플랫폼에 최적화한 사람들이라고 생각한다. 자기 관심사가 뚜렷하고, 전문성을 갖추고 있기 때문에 양질의 콘텐츠를 생산할 수 있다. 덕질의 즐거움이 에너지원이 되기 때문에 지치지 않고 꾸준히 콘텐츠를 만들 가능성도 높다.

나중에 더 자세히 설명하겠지만, 콘텐츠 생산에서 가장 중요한 것은 꾸준함과 성실함이다. 아무리 디지털 플랫폼이 21세기 유리 구두와 같다 해도 겨우 콘텐츠 몇 개로 새로운 기회가 열리길 기대하는 것은 너무 큰 욕심이고, 안이한 생각이다. 1인 미디어를 포함한 모든 콘텐츠는 내용이 참신하고 알찬 것도 중요하지만, 지속가능성이 생명이다.

디지털 플랫폼에 콘텐츠를 올려봤자 별 소용없었다고 하소연하는 사례를 가만히 들여다보면 겨우 한두 달, 5~6개 콘텐츠를 만들어 올린 게 전부인 경우가 많다. 반응을 기대하려면 최소한 1년은 정기적으로 업로드해야 한다. 콘텐츠의 내용과 형식에 따라 조금씩 차이는 있겠지만, 유튜브 동영상을 예로 들면 일주일에 최소 두 번은 콘텐츠를 업로드하는 방식으로 1년 이상 꾸준히 해야만 비로소 조금씩 반응이 온다고 보면 된다.

그런데 보통 사람이 일관된 주제로 꾸준히 콘텐츠를 만들기란 쉬운 일이 아니다. 그래서 덕후가 유리하다고 하는 것이다. 취향과 관심사가 뚜렷하고, 관련 정보도 많을뿐더러 자발적으로 즐거워서 활동하는 덕후야말로 일관된 주제의 콘텐츠를 꾸준히 생산할 수 있는 사람들이다.

덕후들이 디지털 플랫폼을 활용해야 하는 가장 큰 이유는 타인과의 공감대 형성과 교감 때문이다. 그들의 취미활동 또는 덕질은 먹고사는 일과 그다지 관련이 없는, '쓸데없는 짓'으로 치부하기 쉬워 타인의 인정을 받기가 매우 어렵다. 희소하고 전문적인 분야일수록 주변에 자기만큼 관심과 전문성을 가진 사람이 없을 테니 더욱 혼자만의 세계에 빠질 수밖에 없다.

하지만 일단 디지털 플랫폼에 '덕밍아웃'('덕후'와 '커밍아웃'의 합성어. 자신이 덕후임을 다른 사람에게 알린다는 뜻)을 해보라. 나와 관심사나 취향이 같은 동지가 생각보다 많다는 사실을 깨닫게 될 것이다.

내 덕력으로 만든 창작물에 나와 관심사가 같은 이들이 열광하는 것만큼 짜릿한 경험은 없다. 칭찬은 칭찬대로, 비판은 비판대로 의미가 있다. 최소한 "그런 쓸데없는 짓은 왜 하냐?"라는 근거 없는 핀잔보다는 낫다.

나는 덕후의 위상이 점점 높아지는 이유도 디지털 플랫폼과 관련이 있다고 생각한다. 예전 덕후들은 현실 세계에서 외로운 각개전투를 해왔지만, 요즘은 온라인 세상에서 천군만마와 함께한다. 서로 정보를 교류하고 교감하고 격려하면서 덕력은 강해지고, 덕질은 더욱 즐거워진다.

먹고살기 힘든 시대라고 하지만, 그럼에도 우리는 먹고사는 데만 절박하게 매달리고 싶지 않다. 예전과 달리 직업이 자아를 계발하고 나를 표현하는 유일한 수단도 아니다. 어쩌면 진정한 나를 표현하고 세상과 소통하게 하는 수단은 직업이 아닌 취미일지도 모른다.

복잡하고 세분화한 현대사회에서 사람들의 욕구는 더욱 다양해지고 있으며, 취향과 취미 역시 마찬가지다. 그런 의미에서 덕후는 이제 더는 괴상한 취미에 빠져 사는 외톨이가 아니다. 자기가 원하는 바를 잘 알고, 그것을 즐기고, 맘껏 자신을 표현하며 사는 능력자들이다.

그러니 세상 모든 덕후들이여, 디지털 플랫폼에서 덕밍아웃할지어다. 더욱 강력한 덕력과 충만한 덕질이 그대들과 함께할 테니!

자존감과 성취감을 충전하는 무릉도원

'어, 나는 덕후처럼 한 분야를 전문적으로 잘 알지도 못하고, 대단한 재능이 있지도 않은데… 어쩌지?'

사실 우리 대부분은 이런 경우에 속한다. 뚜렷한 취미나 취향도 없고, 눈에 띄는 재능도 없는 평범한 사람들. 디지털 플랫폼이 제아무리 21세기 유리 구두라 할지라도 신데렐라가 아닌 평범한 사람들에게는 기회가 되지 못할 거라고 생각할 수도 있다. 하지만 그렇지 않다. 오히려 평범한 사람이라 누릴 수 있는 디지털 플랫폼만의 장점이 있다.

예를 들어 평범한 전업주부가 디지털 플랫폼을 활용한다면 어떨까. 육아와 가사는 육체적으로도 고될 뿐 아니라 심리적으로도 힘든 일이다. 잘하면 티가 안 나고, 안 하면 금세 티가 난다. 퇴근 시간 없이 하루 24시간 일하지만, 그 누구도 전업주부에게 일 잘한다, 수고한다, 말해주지 않는다.

학생은 자기가 노력한 대가를 성적표로 확인한다. 직장인은 인사고과나 클라이언트의 평가로, 자영업자는 매출로 확인한다. 안 좋은 결과로 좌절감을 느낄 때도 있지만, 아주 작은 칭찬 하나로 성취감을 느끼기도 한다.

하지만 전업주부에게는 이런 피드백이 전혀 없다. 전업주부가 정성껏 차려내는 식탁, 깨끗하게 빨아 다림질한 옷, 반질반질하게 닦은 마룻바닥은 칭찬이나 인정의 대상이 아니다. 그냥 으레

하는 일, 기본일 뿐이다. 그러니 전업주부가 자기 일에서 성취감을 느낄 리 없다.

그런데 주부들이 디지털 플랫폼을 활용한다고 생각해보라. 눈 감고도 하는 시금치 무침, 사진으로 한 컷 찍어 올리자마자 "너무 먹음직스러워 보여요.", "그릇 예뻐요. 어디서 사셨어요?", "배경으로 보이는 주방이 반들반들하네요. 참 부지런하세요." 등의 댓글이 주르륵 달린다면? 마치 승진하거나 A 학점을 받은 듯한 성취감을 느끼지 않을까.

이런 성취감이 디지털 플랫폼의 가장 큰 장점이다. 대단한 재능이나 덕력이 없어도 된다. 우리는 누구나 '생활의 달인'이고, 남들이 모르는 정보나 노하우 한두 개쯤은 알고 있다. 특히 전업주부라면 두말할 나위 없다. 살림, 요리, 육아, 교육, 건강, 재테크, 부동산, 인테리어, 쇼핑, 패션, 뷰티에 이르기까지 전업주부는 팔방미인 전문가다. 이들 노하우를 디지털 플랫폼에 공유하고 교류하는 것만으로도 주부들은 삶의 활력과 자신감을 되찾을 수 있다.

그런 의미에서 나는 디지털 플랫폼이야말로 '소확행'(작지만 확실한 행복)을 준다고 생각한다. 디지털 플랫폼을 통해 내 소소한 취미를 공유하고, '좋아요'나 '추천'이 하나둘 늘어가는 걸 보면서 우리는 '작지만 확실한 행복'을 느낀다.

같은 이유로 나는 청소년들에게도 디지털 플랫폼을 권하고 싶다. 일단 글, 그림, 사진, 동영상 등 다양한 종류의 콘텐츠를 만들어보는 것 자체가 창의력 훈련이다. 비싼 돈 들여 창의력 학원을 보낼 필요가 없다. 또 하나 중요한 건 창작물을 디지털 플랫폼에 공유하면서 얻는 성취감이다.

우리 아이들은 성취감을 느끼기 어려운 환경에서 살고 있다. 생활 스포츠나 클럽 활동을 권장하는 사회라면 아이들이 다양한 분야에서 성취감을 느낄 기회가 많을 것이다.

누구는 그림을 잘 그려서, 누구는 야구를 잘해서, 또 누구는 유머 감각이 있어서 인정받을 수 있다. 하지만 안타깝게도 우리 현실은 그렇지 않다. 오직 공부 잘하는 상위 10퍼센트 아이들만 칭찬과 인정을 받고, 나머지 90퍼센트 아이들은 그 어디에서도 인정받지 못한다. 그러니 성취감을 느낄 기회도 거의 없다. 그래서 아이들은 게임을 한다.

게임 대부분은 크고 작은 미션을 차례차례 클리어하는 구조다. 매번 자기 한계를 조금씩 뛰어넘고, 이런 실력 향상에 즉각적으로 보상이 주어지기 때문에 게임하는 동안은 성취감을 쉽게 느낀다.

돌아보면 학창 시절의 나도 이런 이유로 게임에 빠졌다. 게임만이 내가 성취감을 느끼는 유일한 분야였다. 이런 현실을 고려하지 않은 채 그저 게임을 못하게 막기만 하는 것은 아무런 소용이 없다. 내가 교육전문가는 아니지만, 디지털 플랫폼처럼 아이들이 성취감을 느낄 다양한 기회를 주면 지나치게 게임에만 몰두하는 문제는 자연스럽게 해결될 거라 본다.

밥 없이는 살 수 없지만, 밥만으로도 살 수 없다

"게임이나 디지털 플랫폼이나 공부에 방해되는 건 똑같은 거 아닌가요." 하는 부모님도 있을지 모른다. 예전에 한 인터뷰 자리에서 이런 질문을 받았다. "아이들이 밤에 공부는 안 하고 대도서관님 방송을 본다는 걱정에 대해서는 어떻게 생각하시나요." 나는 이렇게 대답했다. "애들이 밤에 공부하는 게 더 이상한 거 아닌가요?" '저녁이 있는 삶'이나 '워라밸'Work and Life Balance(일과 삶의 균형)이 중요하다면서 왜 아이들은 밤에도 공부를 해야 하는 걸까.

어른들에게 밤에 쉴 권리, 여가를 즐길 권리가 있는 것처럼 아이들에게도 밤에는 공부를 쉴 권리, 공부 말고 딴 짓을 할 권리가 있다. '공부 말고 다른 건 몽땅 나쁜 짓'으로 규정하는 시각부터 바뀌어야 한다. 물론 아이들이 SNS 같은 디지털 플랫폼을 이용할 때는 부모님이 관심을 갖고 지켜볼 필요는 있다. 콘텐츠나 댓글이 건전한지, 너무 오랜 시간 몰두하지는 않는지, 행여 악성 댓글로 아이가 상처받지는 않는지 늘 살펴야 한다.

하지만 공부 아닌 딴 짓이라고 해서 아이가 자유롭게 콘텐츠를 만들고 디지털 플랫폼에 공유하는 것까지 막는 것은 벼룩 잡으려다 초가삼간 태우는 격이다. 디지털 플랫폼은 창의력을 키우고 성취감을 줄 뿐 아니라 특정 주제로 꾸준히만 운영한다면 훌륭한 포트폴리오가 되어 장래 입시나 취업에 도움이 되기도 한다.

"그거 한다고 밥이 나오냐, 떡이 나오냐."

　돈 안 되는 일을 열심히 하는 사람에게 흔히들 하는 말이다. 디지털 플랫폼에 요리 사진 열심히 올려봤자 돈 한 푼 못 벌면 무슨 소용이냐고 생각할 수도 있다. 하지만 돈 버는 것만이 전부는 아니다. 사람은 밥 없이는 살 수 없지만, 밥만으로도 살 수 없다. 성취 욕구가 충족되지 않으면 우리는 행복하지 않다. 목표를 세우고 노력하고 이루는 과정을 경험해야 행복하다. 다른 사람에게 인정까지 받으면 금상첨화다. 바로 이런 이유로 디지털 플랫폼은 의미가 있다.

　내가 관심 있는 일, 좋아하는 일을 콘텐츠로 만들어 디지털 플랫폼에 차곡차곡 쌓아두자. 책을 많이 읽는다면 서평을, 요리하는 걸 좋아한다면 그날 해먹은 삼시세끼 레시피를, 화장품을 좋아하면 제품 리뷰를, 옷을 잘 입는다면 그날의 착장 사진을 꾸준히 올리는 정도로 가볍게 시작하면 된다. 내 삶에 활력소가 되고 성취감을 준다면, 내 콘텐츠를 통해 누군가가 정보를 얻고 재미를 느끼고 작은 도움을 받는다면 그걸로 충분하다. 그리고 또 하나, 디지털 플랫폼이라는 유리 구두가 나를 어디로 데려갈지는 아무도 모른다.

Chapter 3

나만의 콘텐츠로
브랜드 가치 높이는 법

: 내 안에 숨어 있는 크리에이터의 본능 깨우기

1인 미디어에
대한
오해와 이해

1인 브랜드를 구축하고 홍보하는 데 있어 콘텐츠 제작이 필수다. 그리고 그 콘텐츠를 어떤 형식으로 만들어 어떤 디지털 플랫폼에 공유하는가도 중요한 문제다. 내가 1인 브랜드 콘텐츠를 만들어 공유하는 순간, 나는 이미 1인 미디어가 되기 때문이다. 예전에는 통신 기술의 발달로 평범한 개인도 정보를 생산·유통할 수 있게 되었다는 의미로 '1인 미디어'라는 말을 썼다. 주로 SNS에서 활동하는 개인이 1인 미디어였던 셈이다. 하지만 본격적인 동영상 전성시대가 도래하면서 '1인 미디어'라는 말은 이제 '동영상을 기반으로 한 1인 방송'과 동의어가 되었다.

누군가는 성급하게 '1인 미디어는 이미 레드오션'이라고 진단한다. 하지만 나는 레드오션이기는커녕 '1인 미디어 전성시대'는

아직 오지도 않았다고 생각한다. 서울대학교 생활과학대학 소비
자학과 김난도 교수는 2018년 소비 트렌드의 하나로 1인 방송이
주류 매체보다 더 인기를 끄는 '왝더독'Wag the Dog(꼬리가 몸통을 흔
든다는 뜻) 현상이 속출할 것이라고 전망했다. 소비자 취향은 날
이 갈수록 다양해지고 세분화되어 주류 매체 수백 개 채널로도
감당할 수 없는 수준이 되었다. 결국 소비자 취향을 다양하게 수
용하는 역할은 1인 미디어가 맡을 수밖에 없다. 이것이 1인 미디
어가 반짝 유행이 아니라 거스를 수 없는 거대한 흐름인 이유다.

첫 번째 오해, 1인 미디어는 무조건 생방송이다?

1인 미디어에 대한 관심이 높을수록 오해도 많다. 1인 미디어
에 대한 가장 흔한 오해는 '1인 미디어는 인터넷 생방송'이라는
것이다. 후원금을 노린 자극적이고 선정적인 방송, 욕설과 혐오
발언이 난무하는 채팅창, BJ들의 갖가지 기행 등 인터넷 생방송에
대한 이미지는 대개가 부정적이다. 반면 일부 1인 크리에이터들
의 연간 억대에 이르는 수익을 선망하는 사람들도 있다. 그래서 1
인 미디어 분야를 잘 모르는 사람은 이렇게 생각할 수도 있다.

"아, 1인 미디어로 돈 많이 벌고 유명해지려면 생방송을 해야
하는구나. 그러려면 자극적이고 선정적인 내용이 유리하겠네."

하지만 사실은 이와 전혀 다르다. 돈 많이 벌고 유명해지려고

자극적이고 선정적인 생방송을 하다가는 평판만 나빠지고 정작 돈은 못 버는 일이 벌어질 수 있다. 이에 대해서는 나중에 1인 미디어의 수익에 대해 설명하면서 더 자세히 말할 기회가 있을 것이다.

여기서는 무엇보다 '1인 미디어=생방송 BJ'라는 공식이 틀렸다는 걸 강조하고 싶다. 1인 미디어에는 생방송을 진행하는 BJ뿐 아니라 편집 동영상을 올리는 기획자 형태도 있다. 내 경우를 예로 들어보자. 나는 일주일에 5회 이상 유튜브에서 인터넷 생방송을 진행한다. 하지만 '생방송 진행자'라는 단어만으로는 1인 미디어 대도서관을 완벽하게 설명하지 못한다. 유튜브 채널 대도서관TV에는 박원순 서울 시장님과의 1인 미디어에 관한 대담, 아내 윰댕 님의 야식 먹방, 병맛 '항아리 게임'getting over it의 실사판 재현 등 각종 편집 영상이 가득하다.

인터넷 생방송도 재미있는 부분을 잘라 따로 편집하거나 자막과 CG 작업을 거쳐 '다시 보기' 형태로 올린다. 광고 섭외가 들어오면 연예인처럼 모델로서 연기만 하는 것이 아니라 기획자로서 대도서관 스타일이 잘 살아 있는 영상을 제작한다. 사실 1인 미디어 대도서관의 정체성은 인터넷 생방송 진행자보다 기획자에 더 가깝다고 할 수 있다.

모든 1인 미디어가 나처럼 생방송 진행자와 콘텐츠 기획자의 역할을 동시에 하는 것은 아니다. 생방송 진행과 콘텐츠 기획은 엄연히 다른 영역이고, 각각 장단점이 명확하기 때문에 둘을 동시에 할 필요도 없고, 동시에 잘하기도 어렵다.

나는 1인 미디어 지망생에게 생방송 진행자보다 동영상을 촬영·편집해 업로드하는 기획자로 시작하라고 권한다. 편집 방송이 생방송 진행보다 쉽고 위험 부담이 덜하기 때문이다. 생방송을 진행하려면 일단 순발력과 매력, 끼가 있어야 한다. 악성 댓글에도 흔들리지 않는 '강한 멘탈'도 필수적이다. 이런 덕목은 단시간에 갖춰지지 않는다. 아마도 생방송 초보자는 방송 내내 오디오를 비지 않게 하는 데만도 진땀을 흘릴 것이다.

반면 편집 방송은 생방송과 달리 누구나 쉽게 도전할 수 있다. 불특정 다수 앞에서 서너 시간 동안 주절주절 떠들어댈 끼가 없어도, 악성 댓글에 쿨하게 대처할 순발력이 없어도 괜찮다. 심지어 카메라 울렁증이 있어도, 말주변이 없어도 상관없다. 편집이라는 요술지팡이가 있으니까.

생방송은 실수에 대한 부담도 편집 방송에 비해 훨씬 크다. 생방송으로 진행하는 공중파 연말 시상식을 떠올려 보라. 아무리 실력 있고 연륜 있는 진행자라도 생방송에서는 실수를 하게 마련이다. 진행자 본인은 실수를 안 하더라도 기술상의 실수 등 작은 해프닝은 반드시 있다. 전문가들이 모여 그토록 열심히 준비를 했음에도 말이다. 하물며 1인 미디어 초보자라면 어떨까. 방송 장비를 통제하고 콘텐츠를 진행하면서 채팅창을 통해 시청자와 소통도 해야 하는데, 이런 모든 일을 착오 없이 척척 해낼 초보자는 흔치 않다.

무엇보다 생방송은 실수를 만회하기가 거의 불가능하다는 점을 명심해야 한다. 기술 실수나 가벼운 진행 실수라면 그나마 괜찮다. 초보자다운 풋풋함으로 받아들여질 수도 있다. 하지만 어떤 실수는 일부 시청자에게 돌이킬 수 없는 상처나 불쾌감을 준다. 편집 방송은 편집 과정에서 자기 말과 행동을 모니터링하기 때문에 문제 소지가 있는 건 걸러낼 수 있다. 하지만 생방송에서는 실수를 예상하기도 어렵고, 한번 실수하면 엎질러진 물처럼 돌이킬 수가 없다. 심각한 실수를 저지른 경우에는 1인 크리에이터로서 재기하지 못할 수도 있다.

인터넷 생방송이 어려운 또 다른 이유로 치열한 경쟁을 들 수 있다. 인터넷 생방송은 대개 밤 9시부터 새벽 1시 사이에 한다. 그 시간대에 시청자가 많이 몰리기 때문이다. 인터넷 생방송 대부분이 이 시간대를 고수하다 보니 채널 경쟁은 상상을 초월한다. 게다가 밤 9시 이후는 공중파에서도 프라임 시간대다. 다른 BJ뿐 아니라 공중파 채널과도 경쟁하는 제로섬 게임이라는 이야기다.

반면 편집 방송은 경쟁에서 자유롭다. 편집 방송은 시청자가 편한 시간에 언제라도 볼 수 있다. 다른 채널을 보던 시청자가 비슷한 관심사를 찾다가 내 채널로 유입되기도 하고, 특정한 동영상이 빵 뜨면 비슷한 소재를 다룬 내 동영상이 덩달아 인기를 끌기도 한다. 한마디로 상생과 윈-윈이 가능하다는 의미다.

인터넷 생방송은 본업이 따로 있는 사람에게는 거의 불가능하다고 보면 된다. 인터넷 생방송은 일주일에 최소한 4~5일은 방송을 해야 고정 시청자가 생긴다. 1회 방송 시간도 3~4시간에 이른다. 일주일에 4~5회, 1회에 3~4시간씩 생방송을 진행한다는 것은 직장인에게는 매우 힘든 일이다. 하지만 편집 방송은 일주일에 2~3회 업로드, 회당 짧게는 2~3분, 길게는 10분 분량이면 충분하다. 주중에 기획하고 주말에 촬영·편집하면 직장인에게도 크게 부담스럽지 않을 작업량이다.

1인 미디어에 도전하고는 싶지만 사생활이나 얼굴은 공개하고 싶지 않은 사람도 역시 인터넷 생방송에 적합하지 않다. 인터넷 생방송은 진행자의 끼와 매력을 발산하고, 시청자와 소통해야 하기 때문에 얼굴을 공개하지 않고 방송을 지속하기는 어렵다. 반면 편집 방송은 콘텐츠 내용에 따라 창작자의 손이나 목소리만 노출할 수도 있다.

물론 1인 미디어로 성공하고자 한다면 편집 방송에서도 본인 얼굴을 노출하는 게 더 유리하긴 하다. 아무래도 얼굴을 공개해야 시청자에게 신뢰감과 친밀감을 줄 수 있기 때문이다.

자, 인터넷 생방송과 편집 방송은 이렇게나 다르다. 그러니 더는 '1인 미디어는 인터넷 생방송 진행자'라는 오해가 없었으면 한다. 1인 미디어는 생방송 진행자와 편집 방송 기획자, 둘 다를 포함하는 말이다. 하지만 1인 미디어를 기존 미디어의 대안, '주류에서 외면하거나 놓치기 쉬운 소재를 찾아내 재기발랄하고 자유롭게 다루는, 시청자와 더 가깝고 친밀한 미디어'라고 정의한다면 사람들 선입견과 달리 1인 미디어는 '생방송 진행자'가 아닌 '기획자'에 더 가까울 것이다.

이런 이유로 나는 1인 미디어 입문자, 특히 1인 브랜드나 N잡러로서 1인 미디어를 꿈꾸는 사람에게 인터넷 생방송이 아닌 편집 방송을 권한다. 1인 브랜드로서 인지도를 올리려면 언젠가는 인터넷 생방송에 도전할 필요도 있다. 하지만 지금은 아니다. 일단은 기획자 마인드를 훈련하면서 편집 방송에 집중하자. 인터넷 생방송은 1인 미디어로 자리를 잘 잡은 뒤 천천히 시작해도 늦지 않다.

두 번째 오해, 크리에이터는 연예인 지망생이다?

1인 미디어에 대한 두 번째 오해는 '1인 크리에이터는 연예인 지망생'이라는 것이다. 인터뷰 자리에서 간혹 이런 질문을 받곤 한다.

"그렇게 끼가 많은데 왜 개그맨이 될 생각은 안 했나요?"

"공중파에서 예능 프로그램을 진행하고 싶은 욕심은 없나요?"

이런 질문에는 1인 미디어보다는 공중파 방송이, 1인 크리에이터보다는 연예인이 상위라는 선입견이 깔려 있다. 1인 크리에이터를 '지금은 인지도가 없어 인터넷 방송을 하고 있지만, 공중파에서 불러만 준다면 언제라도 달려갈 준비가 된 사람'이라고 보는 것이다. 내가 EBS 〈대도서관 잡쇼〉를 진행할 때도 드디어 공중파 진출을 준비하는 거냐는 시선이 많았다. 하지만 공중파 방송은 공중파 방송이고, 1인 미디어는 1인 미디어다.

공중파 방송이 많은 자본과 노동력으로 주류 관심사를 다룬다면 1인 미디어는 상대적으로 적은 자본과 노동력으로 주류가 다루지 못하는 소재를 다룬다. 공중파 방송은 1인 미디어에 비해 더 대중적이고 질 좋은 콘텐츠를 생산하지만, 요즘 시청자들의 다양하고 세분화된 취향과 요구를 다 수용하기는 어렵다. 반면 1인 미디어는 규모가 적은 만큼 발 빠르게 시청자의 요구를 반영할 수 있지만, 같은 이유로 콘텐츠의 질이 떨어지기 쉽다. 이렇듯 공중파 방송과 1인 미디어는 각각 장단점과 개성이 다를 뿐이지 우열을 가려 논할 것은 아니다.

만일 1인 미디어가 공중파 방송의 어쭙잖은 아류에 불과하다면 방송사에서 나 같은 1인 크리에이터에게 강연을 요청하지도 않았을 것이다. 대형 방송사 PD들이 대도서관의 이야기를 듣는다는 것은 1인 미디어의 급부상이 장래 미디어 생태계에 어떤 영향을 미칠지, 공중파는 어떤 대비가 필요한지 알고 싶어한다는 뜻이다.

방송사 PD들을 대상으로 처음 강연을 할 때만 해도 '저런 삼류한테서 뭘 배우라는 건가' 하는 따가운 시선이 느껴지기도 했다. 당시에는 1인 미디어에 대한 이해가 부족했던 탓에 나를 기획자로 보기보다는 그저 '인터넷 생방송으로 인기 좀 끈 진행자'로 보는 경향이 강했다. 지금은 오히려 반대다. 방송 관계자 대부분이 1인 미디어가 공중파를 위협할 수도 있다고 본다.

한번은 이런 일도 있었다. 모 방송사에서 한때 유튜브에 무료 공개하던 자사 드라마들을 갑자기 비공개로 전환했다. 16억 명에 달하는 전 세계 유튜브 이용자에게 자사 문화 콘텐츠를 홍보할 좋은 기회를 왜 놓치나 궁금했다. 평소 안면이 있던 방송사 간부에게 그 이유를 물었더니, 유튜브 독주를 조금이라도 늦춰보려는 조치였다는 대답이 돌아왔다. 공중파가 언젠가는 유튜브와 1인 미디어에 추월당하리라는 위기의식에서 이런 결정을 내렸다는 것이다. 그래서 내 강연 내용도 처음과는 많이 달라졌다. 초반에는 1인 미디어가 B급, C급 미디어라는 선입견을 깨는 데 주력했으나, 이제는 1인 미디어가 공중파의 경쟁자가 아니며 오히려 상생 가능한 파트너임을 강조한다.

실제로 공중파에서 1인 미디어의 가능성을 가장 세련되게 차용한 사례가 있다. 바로 나영석 PD의 예능 프로그램이다. 〈신서유기〉는 네이버 TV 캐스트에 10여 분짜리로 편집한 영상을 업로드한 것이 그 시작이었다. 태생이 인터넷 방송인 셈이다.

〈알쓸신잡〉도 1인 미디어의 흥미로운 변주다. 자고로 여행 프로그램은 해당 지역의 대표 관광지와 토속 먹거리를 소개하는 것이 정석 아닌가. 예를 들어 천년고도 경주를 가면 불국사, 석굴암, 첨성대 등을 돌아보고 황남빵, 떡갈비, 순두부 등을 소개하는 것이 일반적인 콘티다. 그런데 〈알쓸신잡〉은 다르다. 작가 유시민은 황리단길의 젠트리피케이션 현상을 언급하고, 뇌과학자 정재승은 기술의 최전선을 보기 위해 엑스포를 방문하며, 소설가 김영하는 경주까지 가서 굳이 피자를 먹는다. 출연자 개개인이 경주라는, 뻔하다면 뻔한 공간을 자신의 전공과 관심사라는 필터로 거르고 재해석해 시청자에게 전달하는 것이다. 다시 말해 출연자 각자가 1인 미디어로 활약하는 셈이다.

1인 미디어가 공중파의 아류가 아닌 것처럼 크리에이터도 연예인이 아니다. 크리에이터에게 연예인이 되고 싶으냐고 물으면 아마 열이면 열, 아니라고 대답할 것이다. 연예인은 가수든 개그맨이든 탤런트든 기본적으로 연기자라고 할 수 있다. 방송 콘셉트는 PD가 정하고, 대본은 작가가 써준다. 연예인은 이를 실감나게 잘 전달하는 역할을 하는 사람이다. 하지만 1인 크리에이터는 연기자라기보다 기획자다. 방송에 직접 출연하니 연기자라고도 할 수 있지만, 방송 기획부터 편집에 이르기까지 자기 관심사에 따라 자기 색깔대로 결정하고 이끌어간다는 점에서는 기획자에 가깝다.

요즘에는 1인 크리에이터가 연예인이 되려는 게 아니라 오히려 연예인이 1인 크리에이터가 되려는 경우가 많다. 연예인은 누가 불러줘야 무대에 설 수 있지만, 1인 크리에이터는 스스로 무대를 만들기 때문이다. 유튜브 〈좋아서 하는 채널〉을 운영하는 개그우먼 강유미 씨는 한 예능 프로그램에 출연해 1인 미디어를 하는 이유를 이렇게 설명했다.

"방송에는 개편이라는 게 있고, 나를 얼마든지 자를 수 있는 분도 있다. 내가 하기 싫은 일도 억지로 해야 한다. 하지만 1인 미디어는 내가 재량껏 할 수 있어 좋다."

왜 개그맨이 되지 않느냐, 왜 공중파 예능에 진출하지 않느냐는 질문에 "그러고 싶지 않으니까요."라고 대답하는 이유도 여기에 있다. 나는 연기자일 뿐 아니라 기획자이기도 하다. 어디선가 나를 불러주길 기다리는 게 아니라 나 스스로 내가 설 무대를 만든다.

나도 연예인이 1인 크리에이터보다 인지도도 높고, 돈도 훨씬 잘 번다는 걸 안다. 내가 아무리 '1인 미디어계의 대통령'이라고 불려도 삼척동자부터 백발노인까지 모두가 알아주는 '국민 예능인'은 아니다. 그래도 나는 끝까지 1인 크리에이터 대도서관으로 남고 싶다. 연예인의 높은 인지도와 수입은 부럽지만, 1인 크리에이터이자 기획자로서 얻는 성취감에서 훨씬 큰 만족을 느끼기 때문이다.

온 가족이 거실의 대형 TV 앞에 옹기종기 모이는 시대는 막을 내렸다. 이제는 각자 방에서 자신의 모바일 기기로 자기가 원하는 콘텐츠를 소비하는 시대다. 얼마 전 신문을 보니 5년 뒤에는 거실에서 TV를 보는 인구가 열 명 중 한 명으로 줄어들 것이라고 한다. 이런 추세에 따라 초대형 프리미엄 TV 시장이 주춤할 것이라는 전망도 있다.

내 생각에는 공중파 TV가 완전히 사라질 거라는 예상은 TV가

라디오를 잡아먹을 거라는 예상만큼이나 빗나갈 가능성이 높다. 영상물의 소비 형태가 달라질 뿐이지 공중파 TV가 생산하는 콘텐츠의 위상이 지금보다 낮아지지는 않을 것이다. 영화 산업이 무섭게 발전하며 조만간 사라질 것이라던 TV가 여전히 건재하지 않은가.

앞으로 TV는 1인 미디어의 영향으로 제작비와 덩치를 줄임으로써 시청자 요구에 기민하게 대응할 테고, 1인 미디어는 TV의 영향으로 방송의 질을 더 높이는 방식으로 진화하리라 예상한다. 이런 변화 속에서 1인 크리에이터의 영향력은 점점 더 커질 것이다. 그리고 더는 아무도 1인 크리에이터에게 왜 연예인이 되지 않느냐고 묻지 않을 것이다.

세 번째 오해, 1인 미디어는 인지도가 있어야 성공한다?

1인 미디어에 도전하는 연예인이 많아지고 있다. 개그우먼 강유미 씨의 〈좋아서 하는 채널〉은 현재 구독자 수가 30만 명에 이르고, 개그맨 출신 김기수 씨도 유튜브에서 뷰티 크리에이터로 맹활약 중이다. 최근에는 배우 강은비 씨가 아프리카 TV BJ로 나서 화제를 모았고, 걸그룹 에프엑스 멤버 루나와 엠버도 자신만의 특색을 살린 유튜브 콘텐츠로 인기를 끌고 있다. 악동뮤지션의 수현, 엑소의 찬열도 취미 삼아 유튜브 채널을 만들어 팬들과 소소한 일상을 공유하고 있다.

이런 추세 때문일까. 요즘 대학생 대상 강연이나 팬 미팅 자리에서 종종 이런 질문을 받는다. "1인 미디어 시장에 뛰어드는 연예인이 점점 많아지는데, 나 같은 일반인이 경쟁력이 있을까요?"

이것이 바로 1인 미디어에 대한 세 번째 오해다. 인지도가 없는 일반인은 연예인에 비해 1인 미디어 시장에서 불리할 것이라는 생각 말이다.

1인 크리에이터에 도전하는 연예인이 많아지는 현상은 참 반갑고 고마운 일이다. 반복해 말하지만, 1인 미디어 시장은 한 사람이 가지면 다른 한 사람은 잃을 수밖에 없는 제로섬 게임이 아니라 모두가 이기는 윈-윈 게임이다. 인지도 높은 연예인이 1인 미디어 시장에 뛰어들면 더 많은 이들이 1인 미디어에 관심을 기울일 테고, 덕분에 더 많은 시청자가 모이고, 더 큰 파이가 형성될 수 있다. 이것은 1인 크리에이터 모두에게 바람직한 현상이다.

하지만 한편으로 자기 콘텐츠의 경쟁력이 연예인 콘텐츠보다 떨어질까 봐 염려하는 사람도 있을 수 있다. 사실 연예인의 인지도가 1인 미디어 초반에는 유리하게 작용하기도 한다. 그 연예인 팬이라서, 혹은 공중파에서는 잘 안 보이던 연예인이 1인 미디어를 한다니까 궁금하고 신기해서 찾아가 볼 수는 있다. 그런데 연예인이 인지도 덕을 보는 건 딱 거기까지다. 초반의 호기심이 사라지면 거품도 꺼진다. 다음부터는 기획력 싸움이다. 콘텐츠가 참신하고 기발하고 재미있지 않으면 시청자들은 가차 없이 떠난다.

요즘은 공중파 개그 프로그램이 점차 축소·폐지되는 분위기라 개그맨들이 스스로 설 무대를 찾아 1인 크리에이터로 변신하는 경우도 많다. 흔히 개그맨은 끼가 넘치고 개인기도 많으니 1인 미디어에서 쉽게 성공할 거라고 생각하는데, 오히려 그 반대다. 1인 미디어는 함께 대본을 짤 작가나 동료가 없고, 자기 개그를 받쳐줄 파트너도 없기 때문에 오로지 자신의 끼와 개인기만 믿고 버티려는 경우가 많다. 하지만 개인기로만 채우는 콘텐츠에는 한계가 있다. 한두 주는 어찌어찌 버텨도 아이디어가 고갈되면 답이 없다.

　개그맨이든 누구든 지속가능한 콘텐츠를 만들려면 기획력이 뒷받침되어야 한다. 강유미 씨와 김기수 씨 채널이 잘 되는 이유도 바로 기획력에 있다. 그들이 연예인이어서가 아니다. 강유미 씨는 옆집 언니처럼 친근하게 자기 일상을 공유함으로써 시청자와 소통한다. 김기수 씨는 자기 특기와 전문성을 살려 메이크업 관련 콘텐츠를 생산하고 있다. 둘 다 지속적으로 창작 가능하고, 시청자가 좋아할 만한 기획이다. 이런 기획력 없이 인지도만 믿고 1인 미디어에 뛰어든다면 제아무리 잘나가는 연예인이라도 결코 성공할 수 없다. 1인 미디어의 성패는 인지도가 아닌 기획력에 달려 있다. 콘텐츠가 재미있어야 선택받는 것이지, 연예인이고 아니고는 중요하지 않다.

　오히려 인지도 높은 연예인이 1인 미디어에서 불리한 경우도 있다. 유명한 연예인일수록 자기 캐릭터가 확실한 경우가 많은

데, 1인 미디어에서도 그 캐릭터를 유지하려면 콘텐츠 기획에 한계가 생긴다. 반대로 과감하게 캐릭터를 포기하면 시청자가 위화감을 느낄 수 있다. 그래서 연예인이라도 캐릭터가 확실하게 잡히지 않았거나 유명세가 덜한 사람이 1인 미디어에서 훨씬 유리하다.

대표적인 사례가 유튜브 채널 〈엔조이커플〉을 운영하는 개그맨 커플 손민수·임라라 씨다. '엘리베이터 방귀 몰카' 콘텐츠가 인기몰이를 하면서 〈엔조이커플〉의 구독자 수는 50만 명 이상으로 껑충 뛰었고, 최근에는 '유튜브 팬페스트 코리아 2018-라이브 쇼'에도 참여했다. 두 사람은 특이하게도 연예인이라서가 아니라 유튜버로서 인지도를 높이고 인기를 끈 케이스다. 고정된 이미지나 캐릭터가 없다는 것이 공중파 개그맨으로서는 약점이었을지 몰라도 유튜버로서는 오히려 강점이 되었다. 선입견의 방해 없이 콘텐츠의 기획력만으로 승부할 수 있기 때문이다.

그런데도 누군가 "연예인이 아닌 일반인이 1인 미디어에서 경쟁력이 있을까요?"라고 묻는다면 이렇게 대답하겠다.

"지금 가장 잘나가는 1인 크리에이터를 다섯 명만 꼽아보세요."

이걸로 충분한 답변이 되었으리라 믿는다.

나만의
시그니처 콘텐츠를
만드는 기획력

"어떤 콘텐츠를 만들어야 성공하나요?"

인터뷰에서든 강연에서든 이런 질문을 참 많이 받는다. 대답하기 쉬운 질문은 아니다. 1인 크리에이터로 수많은 콘텐츠를 만들어왔지만, 콘텐츠 하나하나를 두고 조회 수가 얼마나 나올지 예측하기는 불가능하다. 어떤 콘텐츠는 기획도 좋고 촬영도 잘 뽑혀서 "와, 이건 진짜 조회 수 100만 찍겠다!" 하고 잔뜩 부풀었는데 기대에 못 미치기도 한다. 또 어떤 콘텐츠는 힘 쭉 빼고 가벼운 마음으로 만들었는데 엄청난 조회 수가 나오기도 한다.

어떤 콘텐츠가 인기 있고 없는 이유를 정확하게 알아내기 어려울뿐더러, 알아내도 그 분석이 앞으로도 유효하리라는 보장이 없다. 진짜 허무할 때는 제작비 2,000만 원을 들인 회심의 역작보다 우리 집 강아지 단추와 꼬맹이 동영상이 더 잘나가는 경우다. 믿고 싶지 않지만, 내 게임 방송이 아니라 단추와 꼬맹이 영상을 보고 대도서관에 '입덕'했다는 시청자도 적지 않다. 이처럼 모든 것이 예측불허니 모든 걸 운에 맡겨야 할까?

성공하는 콘텐츠의 기본 조건, 채널 정체성

콘텐츠 하나하나의 운명을 점치기 어렵다고 해서 채널 전체의 성패를 운에만 맡길 수는 없다. 채널이 잘 되는 이유가 단순히 운이 좋아서만은 아니기 때문이다.

1인 미디어 채널을 만드는 건 어떤 측면에서는 레스토랑 창업과 비슷하다. 유명한 레스토랑에는 반드시 시그니처signature 메뉴가 있다. 그 레스토랑의 정체성을 가장 잘 드러내면서 다른 레스토랑과 차별화된 대표 메뉴가 바로 시그니처 메뉴다. "이 레스토랑에 가면 무조건 ○○은 먹어야 해."라며 손꼽힐 메뉴가 있으면 그 레스토랑은 성공한다.

1인 미디어도 마찬가지다. 채널 정체성을 뚜렷하게 드러내는 시그니처 콘텐츠, 즉 메인 기획이 있어야 한다. 먹방이 인기라고 해서 무작정 '무언가를 먹는 방송'이라고 생각하면 안 된다. 무엇을 어떻게 먹을지 메인 기획을 확실히 정할 필요가 있다. 예를 들면 '5,000원 먹방'을 콘셉트로 5,000원으로 장 봐서 요리해 먹기,

5,000원짜리 음식만 골라 먹기 등을 선보인다면 메인 기획이 있는 셈이다.

게임 방송도 무조건 게임만 플레이한다고 생각하면 곤란하다. 대도서관TV는 '예능과 게임의 접목'이 시그니처 콘텐츠다. 스토리가 없는 게임을 할 때면 인기 드라마나 영화를 패러디해 스토리텔링을 하고, 스토리가 있는 게임이면 캐릭터를 실감나게 연기함으로써 게임 몰입도를 높이고 재미를 준다.

뷰티 방송은 레드오션으로 불릴 만큼 많이 제작되고 있지만, 메인 기획만 확실하면 시청자 눈길을 잡아끌 수 있다. 예를 들어 씬 님의 경우는 단순히 메이크업 팁만 전달하는 것이 아니라 스토리텔링을 가미한다. 아이돌 메이크업을 소개하는 콘텐츠에서는 아이돌 춤을 추고, 소개팅에 어울리는 화장법을 소개하는 콘텐츠는 방에서 뒹굴뒹굴하는 장면으로 시작하는 식이다.

1인 미디어 초보자가 저지르는 가장 흔한 실수가 메인 기획 없이, 채널 정체성을 고려하지 않은 채 닥치는 대로 이런저런 콘텐츠를 올리는 것이다. 월요일은 영화 소개, 화요일은 명란 파스타 레시피 공유, 수요일은 일본에서 쇼핑한 화장품 자랑, 목요일은 강릉 맛집 먹방, 금요일은 게임 방송. 이런 식으로 중구난방 일관성 없는 콘텐츠를 열심히 올린다.

닥치는 대로 콘텐츠를 올리는 이유를 물으면 아직 자기가 무얼 잘하는지, 시청자가 무얼 원하는지 잘 모르니 시험 삼아 이것저것 올리는 거라고 대답한다. "이중에 뭐가 빵 터질지 모르잖아요."라는 대답도 있다. 아직 처음이니 일단은 이것저것 올려보고 시청자 반응을 보겠다는 것이다. 미안하지만, 이런 전략으로는 절대 성공할 수 없다.

물론 이것저것 다양하게 올리다 보면 시청자 이목을 잡아끄는 콘텐츠가 하나쯤은 생길 것이다. 화장품에 관심이 많은 시청자 하나가 이 채널의 수요일 콘텐츠 '일본에서 쇼핑한 화장품 자랑'을 재미있게 시청한다. 그런 다음 자기 구미에 맞는 콘텐츠가 더 있는지 목록을 살핀다. 만일 '겨울 신상 립스틱 리뷰'나 '보습 크림 베스트 3'같은 콘텐츠가 줄줄이 있다면 이 시청자는 구독 버튼을 누르고 시간 날 때마다 이 채널을 찾는 단골이 될 것이다. 그런데 원하는 콘텐츠는 안 보이고, 엉뚱하게 맛집 탐방, 영화 소개, 레시피 공유, 게임 콘텐츠만 눈에 띈다면? 이 시청자가 구독자가 될 가능성은 거의 제로다.

초보자만 이런 실수를 저지르는 것은 아니다. 채널 정체성을 지키며 일관성 있게 콘텐츠를 만들어가던 사람도 채널 인지도가 기대만큼 오르지 않으면 '요즘 ○○이 인기라던데 나도 한번 찍어 올려볼까?' 하는 마음이 든다. 하지만 이런 유혹에 흔들리기 시작하면 그간 힘들게 고수하던 채널 정체성은 완전히 물거품이 된다.

족발 집에서 파리만 날린다고 대박 난 이웃 식당을 따라 떡볶이를 팔 수는 없는 노릇이다. 내가 손님이라면 떡볶이 파는 족발 집에서는 떡볶이도 족발도 먹기 싫을 것 같다. 1인 미디어 시청자들의 심리도 이와 비슷하다. 일관된 정체성 없이 이런저런 콘텐츠를 두서없이 올리는 채널에는 신뢰감을 갖기 힘들다.

채널 시청자의 연령대와 특성을 확실히 정하라

채널 정체성이 흔들리지 않으려면 '내 채널을 누가 소비하는가'를 명확하게 알아야 한다. 시청자 연령대를 설정하는 일이 특히 중요하다. 연령대를 어떻게 잡느냐에 따라 콘텐츠 내용이 완전히 달라지기 때문이다.

예를 들어 같은 게임 채널이라도 초등학생 대상이냐, 20대 대상이냐에 따라 다루는 게임이 달라진다. 초등학생 대상이라면 '마인크래프트' 게임을 다뤄야 유리할 것이다. '마인크래프트' 플레이어 대부분이 초등학생이고, 이 게임을 플레이하는 콘텐츠는 늘 조회 수가 높기 때문이다. 하지만 20대 대상 채널에서 요즘 인기 있다는 이유만으로 '마인크래프트'를 한다면? 그나마 남아 있던 20대 시청자들이 줄줄이 이탈할 가능성이 크다. 초등학생 시청자가 새로 유입될 수는 있지만, 기존에 쌓여 있던 20대 대상 콘텐츠에 이질감을 느껴 충성도 높은 구독자가 되진 않을 것이다.

콘텐츠를 만들 때는 시청자의 연령뿐 아니라 성향이나 특성까지 염두에 두어야 한다. 대도서관TV의 타깃 시청자는 17세에서

30세로, 게임에 관심은 있지만 게임 실력이 마니아 수준은 아닌 사람들이다. 타깃 시청자를 확실하게 정해놓으면 어떤 콘텐츠를 만들어야 하는지도 명확해진다. 내가 만일 프로게이머 수준의 실력으로 스케일이 어마어마하고 완성도 높은 게임을 척척 클리어한다면 우리 시청자들은 오히려 무척 실망할 것이다.

대도서관TV의 재미는 내가 특정 게임을 처음으로 플레이하면서 어리바리하게 헤매고 당황하고 짜증도 내다가 시청자들의 도움을 받아 결국에는 게임을 클리어해내는 과정에 있다. 그래서 나는 방송용으로는 주로 '병맛 게임'이나 인디 게임을 선택한다. 그런 게임들은 반드시 처음부터 보지 않아도 되기 때문에 중간부터 봐도 부담이 없는 데다 내가 진행할 여지도 많다.

만일 조회 수가 목적이라면 채널 연령대를 중학생 이하로 잡는 것이 가장 유리하다(조회 수가 높다고 수입이 많은 것은 아니다. 이에 대해서는 뒤에서 더 자세히 설명하겠다). 이들은 고등학생, 대학생, 직장인보다 여가시간이 많아서 동영상을 소비하는 시간도 제일 길다.

특히 유아를 타깃으로 하면 억대 조회 수도 가능하다. 유아는 발달특성상 동일 콘텐츠를 반복 시청하기 때문에 조회 수가 높을 수밖에 없다. 또한 유아 대상 콘텐츠는 말이나 글보다 순전히 영상에만 의존하는 경우가 많아서 국내뿐 아니라 해외에서 소비할 가능성도 높아진다.

하지만 키즈 대상 콘텐츠는 가능성만 큰 게 아니라 한계도 뚜

렷하다. 키즈 대상 넌버벌non-verbal 콘텐츠는 크리에이터의 손만
나오는 경우도 많고, 얼굴을 공개한다고 해도 그 인기가 전 연령
대로 확산되기 어렵다. 예를 들어 EBS 번개맨 캐릭터는 아이들
사이에서는 그야말로 슈퍼스타지만 EBS를 벗어나면 맥을 못 춘
다. 집에 유아가 있다면 또 모를까, 대부분은 번개맨이라는 캐릭
터가 있는지조차 모른다.

크리에이터의 인지도가 낮다는 것은 광고 영향력이 약하다는
뜻이다. 키즈 채널은 조회 수가 높은 만큼 광고가 많이 붙지만,
외부 광고를 수주할 가능성은 매우 낮다. 1인 미디어 광고 시장
에서 말하는 '외부 광고'란 크리에이터가 광고주에게 의뢰받아
기획부터 편집까지 도맡아 제작하는 광고를 가리킨다. 최근에 내
가 찍은 모 회사 침대 광고를 떠올리면 된다. 그 광고는 내가 단
순히 모델만 한 것이 아니라 기획부터 촬영, 편집에 이르는 모든
과정을 책임지고 제작했다.

외부 광고는 구독자 수나 조회 수 등 수치적인 부분뿐 아니라 1
인 크리에이터의 역량을 종합적으로 판단하여 의뢰한다. 해당 크
리에이터가 자사 기준에 맞는, 수준 높은 콘텐츠를 제작할 능력
이 되는지부터 인지도와 영향력, 이미지 등을 모두 고려한다. 키
즈 채널 크리에이터는 키즈 외 다른 연령대에서는 인지도가 낮
다는 점에서 광고 영향력이 크다고 평가하기는 어렵다. 따라서 1
인 미디어로서 인지도와 영향력을 높이고 싶다면 연령대를 키즈
로 잡는 것은 좋은 선택이 아니다.

정체성이 다른 콘텐츠는 다른 채널에서 소화하자

누군가는 이런 의문을 제기할지도 모른다.

"채널 정체성을 지킨답시고 반응도 없는 콘텐츠를 계속 만드는 게 의미 있을지 모르겠어요. 차라리 중간에 타깃 연령이나 메인 기획을 수정하는 게 낫지 않나요?"

만일 채널을 만든 지 1년이 채 되지 않았다면 이런 질문을 하기에는 아직 이르다. 콘텐츠를 꾸준히 만들어가다 보면 시청자 눈길을 사로잡는 콘텐츠가 하나쯤은 나오게 마련이다. 처음에는 어떤 특정 콘텐츠의 조회 수만 산처럼 뾰족하게 올라가지만, 채널 정체성이 뚜렷하고 콘텐츠가 정기적으로 꾸준히 업데이트되기만 하면 다른 콘텐츠도 차례차례 소비되면서 덩달아 조회 수가 오르기 시작한다.

채널 정체성이 뚜렷하지 않으면 조회 수가 심장 박동수처럼 들쭉날쭉하다. 콘텐츠 하나가 뜨면 높아졌다가 비슷한 다른 콘텐츠가 없으니 다시 낮아지고, 또 콘텐츠 하나가 뜨면 높아졌다가 다시 낮아진다. 반면 정체성이 뚜렷한 채널의 조회 수는 계단 모양으로 차근차근 상승한다. 콘텐츠 하나가 뜨면 갑자기 높아졌다가 쭉 유지를 하고(채널에 새로 유입한 시청자가 만족할 만한 또 다른 콘텐츠가 있기 때문에 전체 조회 수가 떨어지지 않는다), 또 다른 콘텐츠가 뜨면 더 높아져서 쭉 유지를 하는 식이다.

이런 효과가 나타나려면 최소 6개월, 대개는 1~2년 정도가 걸린다. 그러니 조급한 마음에 섣불리 유행부터 좇지 말고, 자기가 만들고 싶은 콘텐츠를 우직하게 만들어가는 것이 중요하다. 그것이 1인 크리에이터가 성취감을 느끼고 채널도 성공하는 길이다.

채널 정체성을 몇 년 이상 잘 유지하여 구독자 층을 안정적으로 확보한 후에는 가끔 이벤트성으로 유행 콘텐츠를 몇 개쯤 올려도 상관없다. 대도서관TV에 간혹 단추와 꼬맹이의 동영상이 올라오는 것처럼 말이다.

만일 중간에 크리에이터의 취향이 바뀌거나, 애초에 채널 정체성이나 타깃 연령을 잘못 설정해 노선 변경이 필요하다면 차라리 다른 채널을 하나 더 만드는 편이 낫다. 같은 채널에 정체성이 다른 콘텐츠를 뒤섞는 것보다 아예 채널을 따로 만들어 분리해야 한다.

개인이 여러 채널을 운영하는 일을 부담스러워할 필요는 없다. 채널은 1인 크리에이터의 얼굴이자 대표가 아니라 브랜드다. 대기업이 얼마나 많은 브랜드를 거느리고 있는지 떠올려보라. 크리에이터도 여러 개의 브랜드를 가질 수 있다. 나도 대도서관TV 외에 다른 채널을 선보이기 위해 몇 해 전부터 준비 중이다. 대도서관TV만으로는 호수처럼 넓고 손톱처럼 얕은 나의 관심사를 다 소화할 수 없기 때문이다.

1인 미디어는 기획력이 생명이라고들 한다. 흔히 '기획력'이라 하면 기발한 아이디어나 전혀 새로운 아이템 등을 떠올린다. 그래서 선정적이고 자극적이고 유행에 민감한 콘텐츠를 만들어야 한다고 여긴다. 기발하고 신선한 콘텐츠 하나만 빵 터뜨리면 잘 나가는 크리에이터가 될 수 있다고 생각하는 것이다. 하지만 누누이 강조한 것처럼 콘텐츠 하나로는 반짝 눈길을 끌 수는 있어도 충성도 높은 구독자를 확보하기는 어렵다. 충성도 높은 구독자는 일관성 있고 정체성이 뚜렷한 채널에서만 형성된다.

그런 의미에서 콘텐츠 기획력이란 '기발한 아이디어'가 아니라 '뚜렷한 정체성'을 의미한다고 봐야 한다. 조급한 마음을 버리고 우직하게 정체성을 지키는 채널이 성공한다는 사실을 명심하자. 중요한 것은 단발적 성공이 아니라 그것을 지속하는 것이다.

지속가능성,

좋아해야
오래 한다

　1인 미디어에서 가장 중요한 것이 채널 정체성이라면 두 번째로 중요한 것은 지속가능성이다.

　유튜브에는 1분 동안 400시간 분량의 동영상이 업로드된다. 하루에 57만 6,000시간 분량이 업로드되는 셈이다. 이는 한 사람이 하루 24시간 아무것도 하지 않고 동영상만 본다고 해도 자그마치 66년간 봐야 하는 분량이다. 이런 수치들만 놓고 보면 하루에 업로드되는 66년 분량의 콘텐츠 중에서 내가 갓 만든 10분짜리 콘텐츠는 광활한 밤하늘에 뜬 별 하나만큼의 존재감도 없어 보인다.

　그럼에도 유튜브를 섣불리 레드오션이라고 단정할 수는 없다. 생방송은 몰라도 편집 방송은 상생이 가능한 윈-윈 게임이다. 콘텐츠의 바다가 아무리 드넓다 해도 내 콘텐츠가 자기만의 빛을 발해 누군가의 눈길을 사로잡을 날은 반드시 온다. 어떤 콘텐츠가 대박이 날지는 알 수 없어도 이것 하나만큼은 장담할 수 있다.

1년 이내에 성공하는 1인 미디어는 없다

"특정 콘텐츠를 일주일에 2~3회씩, 1~2년간 꾸준히 업로드하면 반드시 성공한다."

여기서 말하는 '성공'이란 타인의 인정, 크리에이터로서 느끼는 성취감, 새로운 기회, 그리고 금전적 보상(조심스럽게 예측해보건대 최소 월 100만 원 이상은 기대해봄직하다)을 포함하는 말이다. 만일 재능과 성실함까지 더해진다면? 연간 수억 원의 수익을 올리는 스타 크리에이터가 될 수도 있다.

"유튜버로 성공하는 데 그렇게나 오래 걸린다고? 동영상 하나만 대박을 터뜨려도 돈 많이 벌 수 있다던데?"

이런 생각은 콘텐츠 조회 수 1건당 광고 수익 1원이 들어온다는 오해에서 비롯한다. 일단 유튜브에서 광고 수익을 올리려면 '구독자 수 1,000명 이상, 지난 12개월 동안 시청 시간 4,000시간 이상'이라는 두 가지 조건을 충족해야 한다. 이 기준에 합당한 채널만 유튜브 측에서 수익 창출 검토를 한다. 초반 광고 수익을 좌우하는 건 조회 수가 아니라 구독자 수라는 뜻이다.

그렇다면 구독자 1,000명 이상은 어떻게 확보할까. 대박 콘텐츠만 노릴 게 아니라 양질의 콘텐츠를 꾸준히 생산하는 것만이 정답이다. 콘텐츠를 일주일에 2개씩, 6개월간 만들면 52개, 1년간 만들면 104개다. 한 채널에 콘텐츠가 이 정도는 쌓여야 비로소 충성도 높은 구독자가 생긴다.

주 2회 업로드뿐 아니라 '화요일과 목요일 오후 10시' 이런 식으로 요일과 시간을 지키는 것도 중요하다. 들쭉날쭉 제멋대로 아무 때나 업로드하는 콘텐츠는 시청자에게 신뢰를 주지 못한다. 아무리 맛있는 식당도 영업시간이 주인장 마음 내키는 대로 바뀌어서 예측할 수 없다면 단골을 확보하기 어려운 것과 같은 이치다.

유튜브 편집 영상이 언제 어디서나 보는 편의성 좋은 콘텐츠라고는 해도 크리에이터 마음대로 아무 때나 업로드하는 것은 좋지 않다. 정해진 요일과 시간을 준수해야 구독자에게 신뢰와 만족감, 기대를 주어 충성도가 올라간다.

크리에이터에게도 마감시간이 있고 없고는 천지 차이다. 조직의 규율이나 타인의 간섭 없이 자신이 시간 관리를 해야 하기 때문이다. 크리에이터가 게을러지지 않기 위해서라도 업로드 요일과 시간을 정해둘 필요가 있다. 예고편을 올리는 것도 좋은 방법이다. 다음 콘텐츠는 어떤 내용일지 5~10초 사이의 짧은 영상으로 제작해 미리 올리면 시청자의 관심과 기대를 모을 수 있다.

인터넷 생방송도 다르지 않다. 일주일에 4회 이상, 최소 6개월 이상 꾸준히 생방송을 진행해야 비로소 시청자 반응이 오기 시작한다. 내가 생방송을 시작한 지 일주일 만에 좋은 반응을 얻었던 것은 2006년 당시만 해도 인터넷 생방송 초창기였고, 세이클럽 라디오 방송을 진행한 경험에 운도 상당히 따라주어서 가능한 일이었다.

지금은 거의 춘추전국 시대라 할 만큼 인터넷 생방송 경쟁이 치열하기 때문에 생방송 초보 진행자가 단기간에 주목을 끌기는 더욱 어려워졌다. 최소한 6개월은 해야 진행자도 인터넷 방송 환경에 능숙해지고, 시청자도 채널에 익숙해진다. 진행자와 시청자가 서로 낯가림을 없애고 원활하게 소통하는 데 시간이 필요한 만큼 마음을 조급하게 먹어서는 안 된다.

1년 이상 제작할 수 있는 지속가능한 소재를 찾아라

편집 방송이든 생방송이든 특정 콘텐츠를 일주일에 2~3개 이상 꾸준히 만들기란 쉬운 일이 아니다. 일단 아이디어 고갈이 걱정일 것이다. "이건 정말 대박 아이템인데?" 하는 콘텐츠는 대개 일회성이다. 아무리 창의력이 뛰어난 크리에이터라도 매번 대박 콘텐츠를 만들진 못한다. 하지만 애초에 기획 단계에서 단발성의 흥미로운 소재보다 지속가능한 소재를 선택한다면 아이디어가 떨어져 콘텐츠를 못 만들 염려는 없다.

예를 들어 미술에 해박한 사람이 명화에 대해 조곤조곤 설명해 주는 콘텐츠를 만들기로 했다면 어떨까. 이 그림이 왜 명화로 불리는지, 어떤 점을 주의 깊게 봐야 하는지 5분 이내로 쉽고 재미있게 설명하는 기획이면 이거야말로 대박이다. 기본 포맷은 유지하고 명화만 매번 바꿔주면 되니까 아이디어 걱정 없이 최소 2년은 지속적으로 콘텐츠를 만들 수 있다. 단번에 화제작이 될 수는 없겠지만, 조금씩 꾸준히 구독자를 늘려가며 좋은 반응을 얻을 수 있다.

반면 요즘 유행하는 '하울'(명품 등 많은 물건을 쇼핑한 것을 자랑하는 콘텐츠)은 좋은 기획이라고 하기 어렵다. 하울은 한번에 20~30만 원, 많게는 수천만 원을 들여 구매한 물건을 시청자에게 자랑하는 콘텐츠다. 대리만족 삼아 본다는 시청자가 많아 요즘 화제를 모으고는 있지만, 과소비나 위화감을 조성한다는 비판도 만만치 않다. 무엇보다 이 기획은 오래 지속하기가 어렵다는 점이 문제다.

크리에이터가 재벌가 자녀가 아닌 이상 과소비로 콘텐츠를 만드는 데는 한계가 있을 수밖에 없다. 본인이 구매하지 않고 협찬을 받는다고 해도 협찬 물품에 대한 크리에이터의 평가를 시청자가 얼마나 신뢰할지가 문제다. 결국 하울 동영상은 2년 동안 꾸준히 채널을 성장시키기에는 여러모로 무리가 있는 콘텐츠라 할 수 있다.

자극적인 콘텐츠로는 시청자 눈길을 단번에 사로잡을 수는 있어도 충성도 높은 구독자를 확보하지는 못한다. 한번 자극적인 콘텐츠를 만들면 다음에는 더 자극적으로 만들어야 시청자 기대를 충족시킬 수 있기 때문이다.

오늘 20만 원어치 쇼핑을 했으면 한 달 후에는 100만 원은 넘게 써야 시청자를 끌어모을 수 있다. 타인을 모욕하고, 목숨을 건 광란의 질주를 하고, 온갖 기행을 저질러 화제를 모은 1인 미디어는 이보다 더 무모하고 위험한 도전을 해야 다음 콘텐츠를 만들 수 있다. 그런 자극적임과 무모함의 끝이 어디겠는가. 자극적인 콘텐츠의 유혹에 한번 빠져들면 더 큰 자극만을 좇다가 결국 추락할 뿐이다.

자극적인 콘텐츠는 크리에이터 본인의 삶에도 평생 씻기지 않는 오점과 상처를 남긴다. 연예인이 TV나 라디오에 출연해 물의를 일으킨 경우에는 변명의 여지가 있다. 정해진 대본에 충실했을 뿐이다, 악마의 편집이다, 소속사 콘셉트가 원래 그렇다…. 하지만 1인 크리에이터는 자기 콘텐츠에 대한 책임을 어느 누구에게로 떠넘길 수 없다. 내 콘텐츠는 온전히 내 책임이다.

좋아하는 분야가 아니면 오래 버티지 못 한다

2년 넘게 채널을 안정적으로 운영하면 충성도 높은 구독자 층이 두텁게 형성되면서 크리에이터의 팬덤이 만들어진다. 그렇게 되면 채널에 콘텐츠를 보러 오는 게 아니라 크리에이터를 보러 온다는 뜻이다. 여기에 일정 수준의 광고 수익까지 거두는 상황이라면 직장을 그만두고 콘텐츠 제작에만 시간과 노력을 투자할 수도 있다. 하지만 이 궤도에 오르기까지가 문제다. 본업도 소홀히 할 수 없고, 콘텐츠도 제작하려니 몸과 마음이 고단하고 힘들 수밖에 없다.

내가 권하는 작업 일정은 평일에 기획하고 주말에 한꺼번에 몰아 촬영과 편집을 한 뒤 다음 주 일정한 시간에 업로드하는 방식이다. 이 일정이 가능하려면 주말에 하는 촬영과 편집이 '주말 초과 근무'로 느껴져서는 안 된다.

'월요일부터 금요일까지 힘들게 일했는데, 주말에도 못 쉬고 일해야 돼?'

이런 생각이 든다면 양질의 콘텐츠가 만들어질 가능성은 거의 없다. 또 힘들어서 억지로 해야 할 정도라면 근원적인 고민이 필요하다. 시청자는 크리에이터가 정말 좋아서 만든 콘텐츠인지, 돈만 바라고 억지로 만든 콘텐츠인지 금세 알아챈다. 둘은 재미와 질적인 면에서 완전히 다르기 때문이다.

콘텐츠 제작이 힘겹다고 느껴지면 시청자 반응은 둘째 치고 크리에이터 본인이 힘들어서라도 몇 개월 못 버틴다. 콘텐츠를 지속적으로 만들려면 크리에이터의 끈기에만 기대서는 안 된다. 애초에 크리에이터가 힘들다고 느끼지 않을 만한 일을 콘텐츠 소재로 삼아야 한다.

자다가도 벌떡 일어날 만큼 좋아하는 일, 아무리 돈을 써도 아깝지 않고 아무리 오래 해도 힘들지 않은 일로 콘텐츠를 만들어야 지치지 않고 오래 할 수 있다. 그런 의미에서 덕후는 1인 크리에이터로 가장 적합한 사람 중 하나다. 보는 사람이 없어도 나 혼자 즐겁게 콘텐츠를 만들 수 있기 때문이다.

나는 '내일 지구가 멸망할지라도 한 그루의 사과나무를 심겠다'는 마인드의 소유자가 아니라 그저 게임을 하고 싶은 사람이다. 중학교 시절부터 지금까지 쉴 새 없이 게임을 해왔고, 매일 밤 직업 삼아 게임을 하고 있지만, 여전히 게임이 좋다.

게다가 나는 스트레스를 수다로 해소한다. 힘들면 혼자만의 시간을 갖는 사람도 있지만, 나는 정반대로 수다를 떨어야 피로가 풀리고 마음의 상처도 치유되는 사람이다. 그러니 매일 밤 하는 인터넷 생방송이 내게는 일이 아니라 즐거운 놀이고, 힐링이다. 이것이 내가 10년 넘게 슬럼프 없이 인터넷 생방송을 계속할 수 있는 이유다.

돈은 많이 벌지만 불행한 사람들이 있다. 그들은 하루하루 자기 영혼을 갉아먹으면서 그 대가로 돈을 번다고 느낀다. 하기 싫은 일을 돈 때문에 꾸역꾸역 억지로 한다. 하지만 1인 미디어에서 성공한 이들은 다르다. 하기 싫은 일을 억지로 해서는 성공할 수 없는 분야가 바로 1인 미디어다.

성공한 크리에이터가 좋아 보이는 것은 단지 돈을 많이 벌어서가 아니라 좋아하는 일을 하면서 돈도 벌기 때문이다.

성공 비결 따지지 말고 딱 1년만 성실하라

"성공하는 크리에이터가 되려면 어떻게 해야 하나요?"

이 질문에 대한 내 대답은 시시하기 그지없다.

"성실해야 합니다. 재능 있는 사람은 많아도 성실한 사람은 흔치 않거든요."

더 실용적인 대답을 원했던 사람에게는 정말 미안하다. 하지만 사실이 그렇다. 드라마 〈하얀거탑〉에 이런 명대사가 나온다.

"센 놈이 살아남는 게 아니라 살아남는 놈이 센 거야."

이 대사는 1인 미디어에도 고스란히 적용된다. 재능과 끼도 중요하지만 결국에는 얼마나 꾸준하게 버티는가, 이것이 성패를 좌우한다. 조회 수나 구독자 수에 연연하지 않고 자기가 좋아하는 콘텐츠를 꾸준히 제작해야 비로소 성공할 수 있다.

처음 콘텐츠를 채널에 올리면 조회 수가 기껏해야 100 정도다. 더 나쁜 경우는 10이 안 될 수도 있다. 유명 크리에이터도 처음 시작할 땐 다 그랬다. 지금 난다 긴다 하는 크리에이터도 조회 수가 100도 안 나오는 시절을 겪었고, 거기 실망하기보다는 꾸준히 영상을 올리며 스스로의 성장과 발전을 꾀했고, 꿋꿋이 2~3년을 견디고서야 이름을 알리기 시작했다.

지금 당장 시청자 반응이 없다고 해서 실망하거나 좌절할 필요가 없다. 눈 딱 감고 1년간 꾸준히 만들어보자. 그래도 반응이 없으면? 1년 더 만들어보자. 그때쯤이면 슬슬 반응이 올 것이다. 일단 이름이 알려지고 충성도 높은 구독자가 생기면 초창기에 올렸던 인기 없는 콘텐츠도 결국에는 다 소비된다. 누구도 봐주지 않는, 의미 없는 콘텐츠는 없다는 이야기다. 2년 동안 꾸준히 만든 콘텐츠는 절대로 크리에이터를 배신하지 않는다.

편집 방송뿐 아니라 인터넷 생방송도 결국은 누가 더 성실한가를 겨루는 경쟁이다. 몇 명이 보는지가 아니라 내 방송을 기다리는 시청자가 있다는 사실이 중요하다. 정해진 시간, 나를 보러 찾아오는 시청자를 생각하면 게을러질 수가 없다.

나는 남들 다 쉬는 명절에도 가끔 생방송을 한다. 어떤 시청자는 명절에 더 외로워서, 또 어떤 시청자는 심심해서, 또 어떤 시청자는 모처럼 시간 여유가 생겨서 내 방송을 기다릴지도 모르니까. 일중독의 전형적인 증세인지는 모르겠지만, 방송을 쉬고 있으면 몸이 근질거리면서 안절부절못하겠다.

카메라와 마이크 앞이 내게는 제일 편한 자리다. 내 머리가 아니라 몸이 그렇게 느낀다. 몇 년 동안 동일한 시간에 생방송을 해왔기 때문에 몸이 그 패턴에 익숙해진 것이다. 일부러 성실하려고 하는 게 아니라 그냥 저절로 성실해지는 단계에 이미 도달한 것 같다.

화가이자 사진작가 척 클로스Charles Thomas Close는 영감은 아마추어를 위한 것일 뿐 프로는 그냥 작업을 한다고 했다. 가만히 앉아기가 막힌 영감이 떠오르길 기다리면 아무것도 못하지만, 그저 묵묵히 꾸준하게 작업을 하다 보면 뭔가가 이루어진다는 것이다.

1인 크리에이터는 누군가에게 돈을 받고 콘텐츠를 납품하는 사람이 아닌, 자기 스스로 콘텐츠를 생산하는 사람이다. 누가 시켜서가 아니라 자신이 좋아서 하는 일이라 성실해지기도 쉽지만, 같은 이유로 나태해지기도 더 쉽다. 크리에이터 스스로가 능동적으로 동기를 부여하고 성실해지려고 노력하지 않으면 안 된다. 소설가 무라카미 하루키도 지난 35년간 매일 5시간씩 원고를 써왔다고 한다. 나는 그 어떤 재능보다도 우직한 성실함의 힘을 믿는다.

죽은 기획도

되살리는 마법은

편집 능력에서 나온다

1인 미디어에는 인터넷 생방송과 편집 방송이 있다. 편집 방송이란 영상을 촬영하고 편집해 유튜브에 업로드하는 방송이다. 우리나라에서는 아프리카TV가 일찍 자리를 잡으면서 '1인 미디어=인터넷 생방송'이라는 고정관념이 생겼지만, 해외에서는 생방송보다 편집 방송이 대세다. 방송 시간이 정해져 있는 인터넷 생방송과 달리 편집 방송은 이용자가 원하는 시간에 편하게 감상할 수 있다. 무엇보다 자기 방에서 혼자 만들어 전 세계가 함께 본다는 점이 편집 방송의 매력이다. 반면 인터넷 생방송은 언어 문제로 해외 진출에 어려움이 있을 수밖에 없다.

나는 1인 크리에이터 초보자에게 늘 인터넷 생방송이 아닌 편집 방송으로 시작하라고 권한다. 인터넷 생방송은 진행 능력, 순

발력, 말발, 끼가 필요하지만, 편집 방송은 기획력만 있다면 누구
라도 쉽게 도전할 수 있다. 말발이나 진행 능력이 부족해도 대본
이나 편집, 자막 등으로 얼마든지 보완이 가능하다.

크리에이터가 자기 영상을 직접 편집해야 하는 이유

"저는 카메라 울렁증이 있지만 인터넷 생방송이 너무 하고 싶
어요. 어떻게 하면 카메라 울렁증을 극복할 수 있을까요?"

강연에서 한 대학생이 이런 질문을 한 적이 있다. 나는 생방송
이 아니라 편집 방송부터 시작하는 것이 정답이라고 대답했다.
같은 카메라 앞이라도 생방송과 편집 방송은 긴장감과 압박감
면에서 하늘과 땅 차이다. 생방송은 실수를 바로잡을 길이 없지
만, 편집 방송은 실수해도 얼마든지 수정하고 보완할 수 있다. 따
라서 카메라 울렁증이 있다면 일단 긴장감이 덜한 편집 방송으
로 트레이닝을 하는 것이 좋다.

내가 편집 방송부터 시작하라고 권하는 이유는 또 있다. 자기
가 촬영한 동영상을 직접 편집하면서 1인 미디어에 대한 이해도
를 높일 수 있기 때문이다. 유명 크리에이터는 대개 전문 편집자
를 따로 두고 있다. 제작할 콘텐츠 양이 늘어나고 광고나 행사 등
외부 활동이 많아지면 어쩔 수 없이 전문 편집자를 두게 된다. 또
채널이 인기를 얻고 명성이 높아질수록 콘텐츠 질에 대한 시청

자 기대도 높아지므로 전문 편집자가 필요해지기도 한다.

하지만 채널이 유명해지기 전, 초창기에는 광고 수익이 전혀 없어서 편집을 외부에 맡길 만한 여유가 없다. 만일 유명 크리에이터들이 무리해서 초반부터 전문 편집자를 두었다면 어땠을까? 콘텐츠 질이 더 좋아졌을 테니 더 빨리 성공하진 않았을까? 아니, 그렇지 않다. 만일 그랬다면 그들은 지금처럼 성공하지 못했을 것이다. 내가 이렇게 단언하는 이유는 1인 크리에이터로서 성공하려면 자기 동영상을 스스로 편집하는 훈련이 반드시 필요하기 때문이다.

편집의 기본은 자르고 붙이기다. 필요 없는 장면은 자르고, 필요한 장면끼리는 붙이고. 불필요한 장면이란 NG컷만이 아니다. 콘텐츠 기획 방향과 어울리지 않거나 사족인 장면도 잘라낼 대상이다. 또 붙일 장면끼리는 톤을 비슷하게 유지할 필요가 있다. 연결할 두 장면 사이에 시간이나 논리적 맥락이 너무 생략되어도 안 된다.

다시 말해 편집을 한다는 것은 콘텐츠의 기획 의도와 콘셉트를 이해하고 일관성 있는 맥락을 유지한다는 뜻이다. 이는 편집 과정을 통해 자기 기획을 더 선명하게 이해하게 된다는 뜻이기도 하다.

편집은 진행자로서 매너나 말솜씨를 훈련하는 데도 도움이 된다. 편집할 때는 필요 없는 말을 하거나 중언부언하거나 실수한 부분부터 들어내게 마련이다. 이런 부분을 반복해 잘라내다 보면 진행자로서 고쳐야 할 실수와 독특한 습관 등이 확연하게 보인다.

크리에이터가 자기 동영상을 직접 편집해야 하는 또 다른 이유가 있다. 자기 매력은 자기가 가장 잘 알기 때문이다. 크리에이터가 언제 가장 돋보이는지, 이 동영상을 통해 어떤 매력을 어필하면 좋을지, 세상에서 가장 잘 아는 이는 바로 크리에이터 본인이다.

한때 우리 엉클대도 편집자들이 개그우먼 강유미 씨의 동영상을 편집해준 일이 있었다. 강유미 씨가 각종 방송 활동으로 시간이 나질 않아서 편집을 아웃소싱했다. 그런데 강유미 씨만의 매력과 웃음 포인트를 전혀 살리지 못한, 밍밍한 결과물이 나왔다.

강유미 씨와 친분이 있던 욤댕 님이 강유미 씨의 바쁜 스케줄 얘기를 듣고는 엉클대도 편집자들에게 도움을 요청했던 것이다. 그런데 엉클대도 편집자들은 자기들 손을 거친 것보다 강유미 씨가 직접 편집한 영상이 훨씬 재미있다는 의견을 내놓았다. 편집 기술은 자기들이 더 뛰어날지 몰라도 유머 감각과 센스는 강유미 씨를 따라갈 수 없다는 것이었다. 강유미 씨의 웃음 포인트와 매력은 결국 본인이 가장 잘 살린다는 이야기다.

자기 매력을 편집 과정에서 가장 잘 살릴 사람이 자기 자신이라면 크리에이터들이 전문 편집자에게 편집을 맡기는 건 어떻게 된 일일까. 크리에이터들의 편집자 대부분은 전직이 '열혈 팬'이다. 현재 엉클대도에서 일하는 전문 편집자 중에서도 대도서관

팬 출신이 많다. 한 친구는 재미 삼아 내 생방송 수다 영상을 30분 분량으로 편집해 카페에 올리곤 하다가 나의 첫 번째 편집자로 전격 발탁되었다. 다른 친구들은 엉클대도 직원 모집 공고를 통해 선발한 공채 출신인데, 가끔은 나보다 대도서관에 대해 더 잘 아는 것 같아 섬뜩할 때도 있다.

내 방송 캐릭터 일부는 자랑과 허세다. 돈 자랑이 아니라 "나이거 되게 잘해." 하고 내 능력치를 자랑한다. "이런 건 또 내가 전문이지." 하고 허세부리다가 당하는 것이 웃음 포인트다. 이런 점을 노련하게 간파하고, 캐릭터가 한껏 돋보이게 하는 것이 바로 편집 실력이다. 그러려면 무엇보다 편집자가 캐릭터의 매력을 잘 알아야 하고, 어떤 맥락에서 그 매력이 돋보이는지를 꿰뚫고 있어야 한다. 그런 의미에서 가장 좋은 편집자는 크리에이터 자신이고, 그다음은 크리에이터에 대한 관심과 애정이 있는 팬들이다.

동영상 편집을 위한 가장 핵심적인 다섯 가지

편집을 내 손으로 직접 해야 하는 이유는 알겠지만, 잘할 자신이 없다는 사람도 많을 것 같다. 촬영과 편집에 지레 겁먹을 필요 없다. 스마트폰 하나와 컴퓨터의 동영상 편집 프로그램만 있으면 된다. 편집의 기본인 자르고 붙이기는 독학으로 충분히 익힐 수 있는 기술이다. CG나 자막을 넣는 것도 생각보다 어렵지 않다. 편집 초보자를 위해 간단하게나마 편집에 대한 조언을 덧붙인다.

1. 전체 길이는 5분 이내, 초반 30초가 기회다

유튜브 콘텐츠는 대개 스마트폰으로 소비한다. 출퇴근길 전철에서, 혹은 누군가를 기다리는 카페 안에서 토막시간을 이용해 시청하는 경우가 많다. 따라서 호흡이 짧고 전개가 빠른, 5분 이내의 동영상이 시청자 눈길을 사로잡기에 가장 적당하다. 길어도 10분은 넘기지 말자.

5분 분량의 동영상에서는 기승전결을 따질 여유가 없다. 초반 몇 초 안에 눈길을 사로잡지 못하면 시청자 관심은 가차 없이 다른 동영상으로 옮겨간다. 초반에 자극적인 영상을 넣으라는 이야기가 아니다. 30초 내에 어떤 이야기가 전개될지, 재미 포인트가 무엇인지 확실하게 보여주라는 뜻이다.

2. 주제보다 소재에 집중하라

공중파처럼 기승전결 다 거쳐서 주제 의식을 선명히 드러내야 한다는 강박관념을 버리자. 유튜브 동영상은 주제보다 소재가 더 중요하다. 대개 주제가 명확히 드러나지 않는 영상은 시청 후 "그래서 그게 뭐 어쨌다고?"라는 반응이 나오는데, 유튜브 동영상에서는 이런 반응을 두려워할 필요가 없다. 신선하고 호기심을 자극하는 소재만 있으면 재미가 보장되기 때문이다.

예를 들어 대도서관이 하루 동안 한 일을 쭉 찍은 동영상이 있다면 그중에서 옻닭 먹은 에피소드 하나만 뽑아 2~3분짜리로 편집하는 식이다. 작고 별 거 아니지만 호기심을 자극하는 소재를 찾아 거기에 집중하는 편집을 하자.

3. 돌발성, 즉흥성을 잘 살려라

시청자는 다양성을 원한다. 공중파처럼 매끄럽게 구성한 고만고만한 내용보다는 다소 거칠고 투박해도 새롭고 신선한 내용을 보고 싶어한다. 한번은 내가 생방송 중에 농구 솜씨를 뽐낸답시고 슛 자세를 취하다 전등을 깨뜨린 적이 있다. 이런 예상하지 못한 상황이 공중파에서는 방송사고지만, 1인 미디어에서는 '예능신의 강림'이다. 이런 돌발 상황, 즉흥성이 주는 재미를 놓치지 말아야 한다.

물론 이런 돌발성에는 진정성이 있어야 한다. 재미를 위해 돌발 상황을 꾸미거나 연기하면 금세 티가 난다. 꾸미지 않는 진솔한 태도가 1인 미디어의 가장 큰 매력이라는 사실을 명심하자.

4. 생방송 편집 영상은 채팅창이 생명이다

내 채널에는 생방송 하이라이트 장면만 짧게 편집한 영상이 많다. 생방송 영상을 편집하는 것은 우리나라 1인 미디어 시장에만 있는 독특한 방식이다. 미국 등지에서는 유튜브 개인 수익화 모델이 일찍 도입되면서 생방송 플랫폼이 거의 발달하지 못한 반면, 우리는 유튜브보다 아프리카TV가 먼저 성장하면서 인터넷 생방송이 인기를 끌었기 때문이다.

생방송 영상을 편집해 올리는 방식은 아마도 내가 아프리카TV에서 최초로 시도한 것이 아닐까 한다. 아프리카TV에서 방송하던 당시, 생방송 영상을 보기 좋게 편집해서 카테고리 별로 모아두었고, 유튜브 개인 수익화 모델이 도입되자 본격적으로 이런 방식의 동영상을 유튜브에 업로드하기 시작했다.

내가 생방송 편집 영상에서 가장 신경을 쓴 부분은 채팅창을 노출하는 것이다. 생방송의 재미 포인트가 영상이 아닌 소통에 있는 만큼 편집 영상에서도 채팅창을 잘 살리는 것이 관건이다. 그래서 당시에 아프리카TV에 이 점을 강력히 건의해서 '채팅 다시 보기' 기능이 생겼다. MBC〈마이 리틀 텔레비전〉에서 채팅 자막 없이 출연자 콘텐츠만 소개한다고 생각해보라. 맥 빠지는 원맨쇼로 보일 것이다. 편집 영상을 통해서도 생방송 특유의 소통하는 재미를 잘 전달하려면 채팅창을 소홀히 하지 말자.

5. 저작권에 주의하라

초보 크리에이터가 가장 간과하기 쉬운 부분이 바로 저작권이다. 문서, 음악, 사진, 폰트, 영상 등을 저작권도 확인하지 않고 무조건 가져다 쓰다가는 나중에 저작권료 폭탄을 맞을 수 있다. '내 채널은 구독자 수도 얼마 안 되는데, 설마 저작권 때문에 무슨 일이 나겠어?' 하고 안이하게 생각하면 나중에 크게 후회한다.

음악은 영상 제작에 빠질 수 없는 요소지만, 저작권 문제로 자유로이 쓰지 못하는 경우가 많다. 돈을 주고라도 쓰고 싶은데, 아직 1인 미디어 사용 시스템이 갖춰지지 않아 구입할 방법이 없다. 그렇다고 저작권 있는 음악을 마구잡이로 가져다 쓰다가는 큰코다친다. 저작권협회에서 구독자 수가 얼마 되지 않았을 때는 방치하다가 유명해지자 몰아서 저작권료를 청구했다는 사례를 들은 적이 있다. 다행히 나는 CJ E&M에서 다량의 음악 저작권을 보유하고 있어서 음악을 사용하는 데 큰 불편함은 없지만, MCNMulti Channel Network(다중 채널 네트워크, 1인 미디어 크리에이터들을 지원·관리하며 수익을 공유하는 사업)의 지원을 받을 수 없는 크리에이터라면 주의해야 한다. 특히 커버댄스 콘텐츠는 음악 저작권이 걸려 있어서 아무리 구독자 수가 많고 조회 수가 높아도 광고 수익을 전혀 낼 수 없다는 점을 유념하자.

폰트 저작권에도 신경 써야 한다. 내 경우에는 폰트 저작권료만 1년에 60만 원 정도를 지불하고 있다. 저작권료가 부담스럽다면 사용 전에 반드시 무료 사용이 가능한 것인지를 확인해야 한다.

영상과 음악 등 저작권 문제에 대해 궁금한 점이 있다면 한국저작권위원회(www.copyright.or.kr, 1800-5455)로 직접 문의해보자.

시청자와 공감하고,
친근함으로
다가서는 소통

　　최근 사전 제작 드라마가 일부 만들어지긴 했지만, 우리나라 드라마는 사전 제작이 아닌 경우가 더 많다. 그러다 보니 시청자 피드백이 드라마 줄거리에 영향을 미치는 일이 종종 있다. 어떤 캐릭터는 애초에 비중이 없었지만 연기자가 맛깔나게 살리는 바람에 거의 조연급으로 분량이 늘어나기도 하고, 또 어떤 캐릭터는 처음 예상과는 달리 소리 소문 없이 사라지기도 한다. 처절한 비극적 결말이 갑작스런 해피엔딩이 되거나 여주인공 남편이 A에서 B로 바뀌는 경우도 있다. 시청자 반응이 작가가 애초 생각한 전개나 결말까지 흔들어버리는 것이다. 그야말로 작품 완성도나 주제 의식보다 시청자 반응이 제일 중요한 시대다.

　　하지만 공중파 방송의 경우 시청자 요구에 발 빠르게 대처하기에는 여러모로 한계가 있다. 짐을 잔뜩 실은 덤프트럭이 급작스레 방향을 전환하기 어려운 것과 같은 이치다. 프로그램 하나에 많은 인적·물적 자본이 투입되는 만큼 시청률이 보장되는, 대중적인 소재가 아니면 아예 제작조차 하지 못한다.

박명수 씨는 안 되고, 백종원 씨는 되는 이유

요즘 10대들이 거실에서 가족과 TV를 보지 않고 자기 방에서 혼자 유튜브를 보는 이유가 사춘기 호르몬 때문만은 아니다. TV에서 10대들이 원하는 프로그램을 방송하지 않기 때문이다. TV가 소외시키는 계층은 또 있다. 낚시나 골프 말고 다른 취미를 가진 사람은 공중파에서 볼 만한 프로그램이 거의 없다. 거의 모든 채널에서 동일한 뉴스를 전달하고, 똑같은 영화와 음악을 다루고, 고만고만한 포맷의 프로그램을 만들어 비슷비슷한 연예인을 출연시킨다.

그래서 대안으로 나온 것이 바로 1인 미디어다. 1인 미디어는 덩치가 가벼운 만큼 발걸음을 떼기도, 방향을 전환하기도 쉽다. 기획부터 출연, 촬영, 편집까지 한 사람이 모두 해내는 경우는 두말할 나위도 없고, 여럿이 팀을 꾸린 경우라도 마찬가지다. 1인 미디어는 의사 결정 과정이 간단하고 시간, 인력, 자본을 적게 들이기 때문에 어떤 콘텐츠라도 쉽게 제작할 수 있다.

아무리 대중적이지 않은 희소한 취미를 가졌더라도 유튜브를 검색하면 내 구미에 맞는 콘텐츠를 하나 이상은 반드시 찾을 수 있다. 1인 미디어는 소수의 시청자도 외면하지 않는다. 그야말로 세상의 모든 관심사와 취향을 다룬다고 해도 과언이 아니다. 점점 다양해지는 시청자 요구를 반영하기에 1인 미디어만큼 적합한 매체도 없다.

1인 미디어의 시청자 친화적인 특성을 가장 잘 드러내는 것이 바로 인터넷 생방송이다. TV가 일방향 콘텐츠라면 인터넷 생방송은 창작자와 시청자가 함께 만들어가는 쌍방향 콘텐츠다. 나는 방송할 게임을 미리 플레이해보지 않는다. 처음 플레이할 때의 생생함을 실감나게 전달하기 위해서다. 시청자는 내가 플레이하는 동안 채팅창을 통해 나와 소통한다.

"뒤로 돌아가 보세요. 거기 아이템이 있을 거 같아요."

"왼쪽 방으로 들어가 봐요. 거기에 뭐가 있을지 너무 궁금해요."

내가 시청자 말대로 뒤로 돌아가서 아이템을 획득하거나 왼쪽 방으로 들어갈 때 시청자는 공중파에서는 느낄 수 없는 소통의 쾌감을 느낀다. 대도서관은 완벽하고 능숙한 플레이어가 아니라 시청자가 개입하여 완성시켜나가는 플레이어다. 내가 게임에 도전할 때마다 시청자들은 댓글로 이런저런 코치도 하고, 응원도 보내면서 방송에 강하게 몰입한다. 이렇게 크리에이터와 시청자가 함께 소통하며 만들어가는 것이 바로 1인 미디어다.

1인 미디어의 핵심이 소통이라는 사실은 MBC〈마이 리틀 텔레비전〉(이후 줄여서 '마리텔'로 표기함)에 출연한 박명수 씨와 백종원 씨 사례만 봐도 알 수 있다. 박명수 씨는 방송 시간 내내 디제잉 솜씨를 보여주는 데만 급급해 시청자와 소통을 거의 하지 못했다. 시청자가 뭐라 하든 아랑곳하지 않고 디제잉만 열심히 하다가 결국 '웃음 사망꾼'이라는 불명예스러운 별명을 얻으며 장렬히 꼴찌를 기록했다.

반면 백종원 씨는 자타공인〈마리텔〉절대강자였다. 흔한 재료로 빠르고 쉽게 만드는 요리를 선보인 그는 구수한 사투리와 푸근한 인상으로 시청자들의 사랑을 한몸에 받았다. 하지만 양질의 콘텐츠와 푸근한 매력, 청산유수 말솜씨만으로는 그가〈마리텔〉에서 6회 연속 1위를 차지한 이유를 다 설명하지 못한다.

그가 시청자들의 폭발적인 지지를 받은 진짜 이유는 탁월한 소통 능력 때문이다. 설탕을 더 넣어달라는 댓글에 "그럴까유?" 하면서 설탕 두 숟가락을 더 넣기도 하고, 설탕을 너무 많이 넣는다는 지적에는 당황한 듯 말을 더듬으며 "일반 가정에서도 이 정도는 다 넣지 않나유?" 하고 변명을 해 웃음을 안긴다. 급기야는 6개 모니터에서 쏟아지는 채팅을 한꺼번에 소화하면서 각 채팅방 시청자들 사이에 소위 '드립력' 경쟁까지 붙이는 노련한 소통 능력을 보여주기도 했다.

현대인은 자의 반, 타의 반으로 외롭게 산다. 사람들과 부대끼는 건 싫지만, 외로운 것도 싫다. 그래서 나를 덜 노출하면서 사람들과 편안하게 소통할 방법을 찾는다. 온라인 번개 모임으로 낯모르는 사람들과 한 끼 식사만 하고 헤어진다거나, 휴대전화로 혼자서 뉴스 기사를 보면서도 댓글은 꼭 확인하는 것도 '혼자 있지만 연결되어 있음'을 느끼고 싶어서일 것이다.

현대인의 이런 심리를 가장 잘 충족하는 매체가 바로 1인 미디어다. 혼자 시청하지만 여럿이 함께 보는 느낌, 소통은 하되 적당한 거리는 유지하고 싶은 마음. 이것을 잘 파악해야 소통의 달인이 될 수 있다.

크리에이터 하길 참 잘했다, 싶은 순간들

크리에이터들의 외부 활동이 점점 다양해지면서 온라인뿐 아니라 오프라인에서 팬들과 접촉할 기회도 많아지고 있다. 부산에서 팬 미팅을 한 적이 있는데, 휠체어를 탄 채로 전철과 버스를 여러 번 갈아타고 힘들게 오신 팬이 있었다. 그분은 내 방송이 큰 활력소가 된다며 감사하다고 말씀하셨지만, 오히려 내가 더 감사한 마음이었다.

채팅방을 통해서는 못 느끼는, 오프라인 소통만의 감동이 분명 있다. 광주에서 열렸던 1인 미디어 관련 행사에서 나와 윰댕 님이 팬 사인회를 가진 적이 있었다. 뙤약볕이 쨍쨍 내리쬐는 여름날, 무려 1,300여 명에 이르는 팬들이 우리 사인을 받기 위해 기다리고 있었다. 우리는 천막 아래 편히 앉아 사인을 하는데, 팬들은 무더위에 줄을 서야 하니 그저 미안할 따름이었다. 원래 사인회는 1시간만 예정되어 있었지만, 오래 기다렸을 팬들을 그냥 돌려보낼 수 없었다. 주최 측에 양해를 구하고 한 사람도 빠짐없이 사인을 해드리기로 했다. 한 분 한 분 사진까지 찍어드리느라, 그날의 팬 사인회는 6시간이 훌쩍 지나서야 막을 내렸다.

흔히 사인회를 한다고 하면 팔이 아플 거라고 생각하지만 제일 고통스러운 부위는 옆구리다. 팬들과 사진을 찍기 위해 몸을 한쪽으로만 계속 기울이기 때문이다. 6시간의 대장정, 사인회가 끝나자 옆구리에 알이 배겨 한동안 로봇처럼 움직여야 했지만, 팬들과 대면하는 즐거움에 비하면 그 정도 고통쯤은 아무것도 아니다.

연예인이라고 다 팬덤이 있는 것은 아니다. 일부 연예인은 재능은 뛰어난데 팬덤이 없다. 반면 유명 크리에이터에게는 반드시 팬덤이 있다. 최근 열린 고척동 다이아페스티벌 2017에는 무려 4만 명에 이르는 팬들이 운집했다. 이 정도면 가히 톱스타급 팬덤이다. 크리에이터에게 팬덤이 있는 이유는 소통 때문이다. 소통이 생명인 1인 미디어의 특성상 크리에이터 팬덤 형성은 반드시 일어나는 현상이다.

내 블로그에는 팬들이 그려준 팬 아트를 따로 모아두는 코너가 있다. 그 그림을 한 장, 한 장 들여다볼 때면 늘 놀란다. '아, 나한테 이런 면이 다 있었나?', '팬들 눈에는 내 이런 면이 매력이었나?' 나도 모르는 나의 매력을 팬 아트를 보며 새삼 알게 되고, 이 것이 콘텐츠를 제작하는 데 많은 영감을 준다. 그야말로 팬들과 함께 만들어가는 콘텐츠가 되는 것이다.

유튜브 편집 방송에 달아주는 시청자 댓글도 많은 도움이 된 다. 어떤 부분이 시청자들에게 어필했는지, 혹시 내가 실수하거 나 본의 아니게 시청자에게 불쾌감을 준 일은 없는지 내 방송과 진행을 다시 한 번 되돌아볼 기회를 준다. 공포게임 영상이 올라 가면 시청자가 공포 영상을 잘 못 보는 다른 시청자를 위해 조심 해야 할 구간을 미리 귀띔하는 댓글을 남겨주기도 한다.

1인 미디어 시청자가 크리에이터와 소통하며 느끼는 기쁨도 크겠지만, 크리에이터도 팬들과의 소통에서 큰 즐거움과 위안을 얻는다. 생방송 채팅창에서, 편집 방송 댓글에서, 팬 사인회에서, 강연장에서 나를 향해 마음을 활짝 열어주는 팬들이 있어 오늘 도 크리에이터 대도서관은 힘이 난다.

소통하는 크리에이터가 되려면 다섯 가지를 명심하라

팬들과 수다를 떨라면 하루 1시간이 아니라 24시간도 자신 있 는 내가 시청자와 소통하는 비결을 공개한다. 일부러 계산하고 한 행동은 아니지만, 돌아보면 시청자와의 소통을 위해 이 다섯 가지를 늘 염두에 두고 있었던 것 같다.

1. 크리에이터의 매너가 시청자 매너를 만든다

아프리카TV에서 BJ를 하던 시절부터 내 채팅방은 욕설, 비방, 음담패설, 혐오 발언이 없기로 유명했다. 당시만 해도 이렇게까지 건전한 채팅방은 흔치 않았다. 수백, 수천 명, 많게는 1만 명이 모이는데도 눈살을 찌푸리게 하는 댓글이 거의 없다는 사실에 다들 놀라워했다.

청정 채팅방을 유지하는 비결은 의외로 간단하다. 진행자인 나부터 자극적인 말을 멀리하면 된다. 그렇다고 내가 방송에서 아나운서 수준으로 바르고 고운 말만 쓰는 건 아니다. 때로는 유행하는 비속어도 쓰고, 분위기 좋으면(?) 19금 발언도 가끔 한다. 이런 정도도 하지 않으면 게임 방송이 아니라 〈뉴스룸〉이 되어버리기 때문이다. 하지만 내 발언이 누군가에게 혐오감, 불쾌함, 수치심을 주지는 않을지 늘 조심하고 경계한다. 아무리 재미가 중요해도 최소한의 품위까지 저버리진 말자는 게 나의 원칙이다.

시청자와 소통을 잘하는 것과 시청자 비위를 맞추며 휘둘리는 것은 다르다. 방송을 진행하고 이끌어가는 사람은 시청자가 아니라 크리에이터다. 크리에이터가 자기 방송의 성격을 확실히 규정하고 선을 지켜나가면 시청자도 따라오게 마련이다.

내가 시청자와 수다를 떨면서도 지치지 않는 이유 하나는 채팅창에서 부정적인 영향을 거의 받지 않기 때문이다. 아무리 강철 정신력을 자랑하는 사람이라도 욕설과 음담패설, 혐오 발언이 가득한 채팅창을 보며 지속적으로 소통하기는 어렵다. 일단 크리에이터부터 달라져야 한다. 매너 있는 방송에 매너 있는 시청자가 모인다.

2. 시청자는 가짜를 안다, 진정성 있게 대화하라

게임 방송을 본격적으로 시작하기 전에 1시간 정도 시청자와 수다를 떤다. 그날 무슨 일이 있었는지 이야기하고, 시청자 질문에 대답도 하고, 누군가 상담을 요청하면 함께 고민도 한다. 그러다 보면 1시간이 순식간에 지나간다.

시청자들 말로는 내가 뜬구름 잡는 소리나 교과서 같은 조언을 하지 않아 좋다고 한다. 내 시청자들의 연령대가 17~30세라 진로와 취업에 대한 고민을 많이 한다. 내가 이 일을 정말 하고 싶은지 모르겠다, 전공과 잘 안 맞는 것 같다, 공부만 하라는 부모님이 싫다, 공무원 되기 싫은데 부모님이 자꾸만 강요하신다…. 또 대인관계에 대한 고민도 많다. 좋아하는 아이한테 어떻게 다가가야 할지 모르겠다, 사람들 대하기가 두렵다, 새로운 사람들과 잘 어울리지 못하는 자신이 너무 못나 보인다….

나도 공부 안 하고 게임만 하던 학창 시절을 보냈고, 무늬만 재수생일 뿐 사실은 백수였던 때도 있었다. 나를 한심하다는 듯 바라보는 친척들 앞에서 고개도 못 들던 때가 있었고, 이력서 채울 스펙이 없어 먹먹한 마음으로 자기소개서를 쓰던 시절도 있었다. 당시를 떠올리면 시청자들 고민에 충분히 공감이 간다.

"부모님이 공무원 되라고 하시는 건요. 여러분이 이해하셔야 돼요. 여러분이 게임 캐릭터 키울 때를 생각해보세요. 캐릭터에 애정이 있으면 가장 안전한 방법으로만 육성하잖아요. 물론 경험치 키운다고 모험시키는 사람도 있지만, 대개는 안전한 방법을 택해요. 부모님도 마찬가지 마음일 거예요. 공무원이 되는 게 지금 사회에서는 가장 안전하고 믿을 만한 길이니까 그러시는 거죠. 그러니까, 그분들이 믿을 수 있게 내가 하고 싶은 일을 정리해 부모님께 PT(프레젠테이션)로 설득하세요."

"사람들 앞에서 위축되는 마음은 누구한테나 다 있을 거예요. 요즘 SNS 보면 나만 빼고 다 잘 사는 것 같잖아요. 그런 거 많이 보면 내가 세상에서 제일 못나 보여요. 나도 가끔 그러거든요. 우리는 남의 인생을 〈출발! 비디오 여행〉 보듯이 보죠. 지루한 영화도 편집해서 보면 재미있게 보이는 것처럼. 그걸 보고 위축되지 마세요."

"대학 절대 그만두지 마세요. 네, 저는 대학 안 다녔어요. 그래도 '잘 살고 있지 않냐' 하시겠지만, 저는 대학 안 간 거 엄청 후회해요. 지금이라도 공부해서 대학 가고 싶어요. 대학은 공부만 하는 곳이 아니라 일종의 커뮤니티잖아요. 직장 커뮤니티는 거의 이익 집단이지만 대학은 아니에요. 순수한 마음으로 뭔가를 함께 도모하기 좋은 커뮤니티는 대학이 마지막이에요."

나는 시청자들에게 입에 발린 충고는 하지 않는다. 걱정하지 마라, 노력하면 반드시 잘될 거다, 식의 마음에 와 닿지 않는 말도 하지 않는다. 나보다 한참 어린 시청자도 내가 마음에 없는 소리를 하면 금세 알아차린다. 진심을 담지 않으면 단 한 사람의 시청자와도 소통할 수 없다.

나는 시청자들에게 동네 형, 동네 삼촌 같은 사람이 되고 싶다. 허름한 츄리닝 입고 기름진 머리로 동네를 어슬렁거리는 형 말고, 요즘 잘나가는 동네 형 같은 느낌이면 좋겠다. 친근하면서도 믿음직한 사람, 딱 그 정도의 존재감을 가진 사람이고 싶다.

3. 보케와 츳코미, 역할극을 유도하라

1시간 동안 채팅창에서 끊임없이 수다 떠는 비결을 묻는 사람도 많다. 물론 쉬운 일은 아니다. 시청자와 즐겁게 수다를 떠는 비법은 바로 '보케ぼけ와 츳코미つっこみ'다.

일본 스탠드 업 코미디는 대개 보케와 츳코미의 만담 형식으로 진행된다. 보케가 엉뚱하고 바보 같은 언행을 하는 역할이라면 츳코미는 보케에게 면박을 주는 역할이다. 이 두 사람의 합이 절묘하게 맞으면서 웃음을 유발한다.

나는 시청자와 소통하면서 때로는 보케가, 때로는 츳코미가 되어 역할극을 유도한다. 물론 보케 역할은 주로 내가 한다. 내가 보케처럼 금방 들통날 허세를 부리면, 시청자는 츳코미가 되어 나를 구박하면서 즐거워한다. 예를 들면 이런 식이다.

대도서관 : 면접에서 1분 스피치로 나를 소개해야 된다고요? 나 같으면 이런 거 완전 땡큐일 거 같은데? 내가 한번 해볼게요. (호기

롭게 일어선다.) 안녕하세요, 대도서관입니다. (5초 동안 동공 지진) 저는… (또 5초 동안 두뇌 풀가동) 게임을 좋아하고… (입 안이 바짝바짝) 독서를…. 아, 진짜 못하겠다! (결국 포기하고 풀썩 쓰러진다.)

　시청자 1 : 렉 걸린 줄 알았어요.

　시청자 2 : 네, 탈락입니다!

　시청자 3 : 아, 하지 마요, 진짜. 왜 부끄러움은 늘 우리 몫이지?

　때로는 역할을 바꿔 내가 츳코미가 되는 경우도 있다. 물론 이럴 때는 시청자 기분이 상하지 않게 적절한 선을 잘 지켜야 한다.

　초보 진행자는 시청자와의 소통을 위해 이야깃거리를 잔뜩 준비한다. 1시간 이상 이야기해야 하니 준비가 만만치가 않다. 한두 달은 어찌어찌 버틴다 해도 결국에는 밑천이 드러난다. 이런 방식은 지속가능성이 없을 뿐 아니라 진짜 소통도 아니다. 자기 할 말만 실컷 하는 진행자에게 매력을 느낄 시청자는 없다.

　생방송 진행자는 자기 말도 잘해야 하지만, 시청자가 마음껏 수다 떨 수 있는 환경을 만들 줄도 알아야 한다. 시청자와 주거니 받거니 하며, 끊임없이 수다 떨 환경을 고민하고 있다면 나처럼 보케와 츳코미 역할극을 활용해보라고 권하고 싶다.

4. 나이 차이, 세대 차이가 소통 불능을 뜻하진 않는다

　어느새 마흔이 넘어버렸다. 그래서인지 "그 나이에도 10대와 대화가 통해요?"라고 묻는 사람들도 많은데, 나를 잘 몰라서 하는 소리다. 윰댕 님 말로는 내 정신세계가 10대와 별반 다르지 않단다. 하긴 내일 당장 죽는다면 뭘 하고 싶으냐는 질문에 게임하다 죽고 싶다고 대답하는 40대가 대한민국에 그리 많을 것 같진 않다.

대도서관TV의 주 시청자 층은 17~30세다. 내가 아무리 철없는 40대라도 세대 차이는 있을 수밖에 없다. 하지만 나는 젊은 세대에 피로를 느끼지 않는다. 그들의 유행어나 라이프 스타일을 완벽하게 이해하려고 안간힘을 쓰지도 않는다. 오히려 세대 차이가 자연스럽게 드러나도록 내버려두는 편이다. 내가 철 지난 유행가를 흥얼거리거나 어려웠던 옛 시절 이야기를 꺼내면 시청자들은 나를 '옛날 사람'이라며 신나게 놀려댄다.

최근 핫한 뷰티 크리에이터로 떠오른 박막례 할머니도 마찬가지다. 할머니는 시청자와의 엄청난 세대 차이를 억지로 극복하려 하지 않는다. '요즘것들 메이크업', '계모임 메이크업' 등의 콘텐츠는 크리에이터와 시청자 사이의 세대 차이를 오히려 강조함으로써 재미와 웃음을 유발한다. 신세대가 할머니의 콘텐츠에 빠져드는 이유는 할머니가 자기 세대의 가치를 지키면서 젊은 세대도 인정하는, 열린 마음을 갖고 있기 때문이다.

나는 시청자들보다 나이가 훨씬 많지만, 내가 그들보다 더 많이 안다거나, 더 나은 사람이라고는 생각하지 않는다. 그들을 가르치거나 이끌어야 한다는 생각도 없다. 그러는 순간, 소통 불능

꼰대가 된다는 걸 잘 알고 있다. 시청자가 삼촌뻘인 내게 마치 친구 대하듯 마음을 여는 이유는 내 마음도 시청자를 향해 열려 있다는 걸 알기 때문이다.

크리에이터와 시청자의 나이 차이는 중요한 문제가 아니다. 문제는 크리에이터가 모든 세대에 얼마나 마음을 여느냐, 그럼으로써 얼마나 젊은 감각을 유지하느냐에 달려 있다.

그런 의미에서 나는 '1인 미디어의 송해'로 불릴 때까지 오래오래 이 일을 할 작정이다. 팬들과 함께 늙어가는 크리에이터가 되는 게 내 꿈이니까.

5. 시청자가 언제나 옳은 것은 아니다

사실 시청자와의 소통이 늘 즐거운 것만은 아니다. 내 채팅방은 욕설과 혐오 발언이 적은 이른바 '청정구역'이지만, 가끔은 은근히 신경을 거슬리게 하는 악성 댓글이 달리기도 한다. 나는 다른 사람들 평가에 쉽게 휘둘리거나 나쁜 일을 오래 곱씹는 성격이 아니라서 악성 댓글에 크게 타격을 받진 않는다. 하지만 나처럼 성격이 단순하지 않은 크리에이터는 시청자와 소통하려다 오히려 상처를 받기도 한다. 자기도 모르게 '세상 모든 사람들은 나를 미워해', '난 뭘 해도 미움 받을 거야' 하는 근거 없는 생각에 사로잡히거나 무슨 일이든 자기 잘못, 자기 탓으로 돌리려 한다.

1인 미디어에 갓 입문한 초보자는 시청자와의 소통을 너무 중요하게 여긴 나머지 시청자 의견이라면 무조건 따라야 한다는 생각을 하기 쉽다. 하지만 시청자가 언제나 옳은 것은 아니다. 시청자가 아무리 통찰력과 분석력이 있다 해도 나만큼 내 콘텐츠를 오래 붙들고 고민하지는 않았을 것이다. 시청자 의견은 존중해야 하지만, 크리에이터로서 지키고 고집 부릴 부분도 분명 있다. 채널 정체성, 메인 기획, 타깃 연령, 전하고자 하는 메시지 등은 흔들리지 말아야 한다.

시청자와 소통하는 것과 시청자에게 휘둘리는 것은 엄연히 다르다. 시청자 의견은 열린 마음으로 수용하되, 그것이 나를 위한 조언인지, 상처 주기 위한 비방인지를 잘 구별해야 한다.

일단은 세상 모두가 나를 좋아할 수는 없다는 점부터 인정하자. 비난 없이 사랑만 받는 사람은 없다. 내가 어떤 일을 하든 나를 비난하는 사람은 있게 마련이다. 이 사실을 인정하면 마음이 조금은 편안해질 것이다. 1인 크리에이터는 일반인보다 비난 받기도 쉽지만, 그만큼 사랑받기도 쉽다. 나를 응원하는 시청자가 더 많다는 사실을 잊지 말고, 묵묵히 나아가자. 그게 악성 댓글에 대처하는 가장 좋은 방법이다.

도전,

그래도 생방송은

매력적이다

내가 이 책을 통해 초보자는 생방송보다 편집 방송을 하는 것이 좋다고 누누이 강조한 가장 큰 이유는 생방송 진행이 어렵기 때문이다. 수천 명을 상대로 혼자서 서너 시간을 이야기한다는 건 생각보다 훨씬 힘든 일이다. 게스트를 부르는 경우도 있지만, 대개는 혼자서 그 시간을 온전히 책임져야 한다. 그러려면 언변과 진행 능력, 준비한 콘텐츠를 능숙하게 풀어가는 능력이 필요하다. 훈련 없이 처음부터 이런 능력을 발휘할 사람은 거의 없다.

초보자에게 생방송을 추천하지 않는 두 번째 이유는 실시간 소통이 마냥 즐겁지만은 않다는 데 있다. 초보 진행자는 채팅창 관리에 미숙해서 악플러들이 꼬이기 쉽고, 그러다 보면 마음이 너덜너덜해질 정도로 상처를 입는 경우도 생긴다. 심지어 나조차 평정심을 유지하기 어려운 때가 있다. 말도 안 되는 인신공격은 차라리 무시하기 쉬운데, 묘하게 신경을 긁는 댓글은 쉽게 잊히질 않는다. 지금 하는 이야기와 전혀 동떨어진 댓글을 반복해서 올린다거나 무의미한 말을 계속 반복하는 댓글이 올라오면 나도 모르게 신경이 분산되어 방송 진행에 지장을 받는다. 10년 경험자도 이런데, 초보자는 어떨지 짐작해보라.

겁 없이 생방송에 도전하는 초보자들을 보면 우려스런 마음이 앞선다. 모든 도전자가 다 그런 것은 아니지만, 일부는 생방송을 너무 쉽고 만만하게 생각한다. 목적에 따라 누군가에게는 생방송이 정말 별 것 아닌 쉬운 일일지도 모른다. 무턱대고 자신의 매력을 어필해서 후원금만 많이 받으면 그만이라고 생각한다면 말이다. 들리는 말로는 유흥업 종사자들이 쉽게 돈 버는 수단으로 생방송을 이용하는 경우도 더러 있다고 한다.

1인 미디어 초보자가 생방송을 시작하기 전에 알아둘 것들

돈도 중요하지만, 내 브랜드 가치를 잃을 정도로 돈에만 집착해서는 안 된다. 뒤에서 더 자세히 설명하겠지만, 생방송 후원금의 90퍼센트 이상이 2~5퍼센트의 시청자들 호주머니에서 나온다. 이들에게 내 수익 전부를 의존한다는 것은 바람직하지 않을 뿐더러 안정적인 수입이라고 보기도 어렵다. 1인 미디어의 수익은 결과적으로 1인 크리에이터의 이미지가 좌우한다. 자기 브랜드 이미지에 스스로 먹칠을 하면 당장은 돈을 많이 벌 것 같아도 결국에는 손해라는 사실을 알아야 한다.

생방송의 한계를 하나만 더 지적하면 글로벌 추세에 역행한다는 점이다. 생방송은 3~4시간을 우리 언어로 진행하기 때문에 해외 시청자를 공략하기 어렵다. 물론 해외 교민이 시청하면 외화로 후원금을 받을 수도 있지만, 대개는 국내 수익으로 만족해야 한다.

유튜브를 하면서 받은 충격 하나는 내가 '우물 안 개구리'였다는 사실이다. 이렇게 넓은 해외시장이 있다는 사실을 생방송만 진행하던 시절에는 잘 몰랐다. 생방송 시청자는 많아 봐야 1만 명이지만, 편집 동영상은 1억 뷰가 찍힐 수도 있다. 총 인구 수가 5,000만 명인 나라에서 동영상을 제작해 전 세계 1억 명과 공유하는 쾌감은 우물 안 개구리는 절대 알 수 없을 것이다.

그럼에도 내가 매일 밤 생방송을 하는 이유

생방송은 한계만큼이나 매력도 뚜렷한 분야다. 생방송은 일단 소통하는 재미가 크다. 유튜브 라이브 방송은 시청자와 20~30초의 시간차가 있다는 것이 가장 큰 문제였다. 지금은 2~3초 만에 서로 소통이 가능하다. 이 정도면 테이블을 사이에 두고 마주앉아 대화하는 수준이다. 전국 각지의 시청자, 심지어는 해외 교민까지 1만 명의 시청자와 거의 실시간으로 대화하는 느낌은 직접 경험하기 전에는 상상하기 어렵다. 내 앞에는 단 한 명의 시청자도 없지만, 내 말 한마디에 즉각적으로 반응이 쏟아지기 때문에 마치 스탠드 업 코미디 무대에 서 있는 것만 같다.

이런 생생한 반응이 방송의 현장감과 몰입도를 엄청나게 끌어올린다. 한번은 '미친 말달리기 게임'을 방송에서 플레이한 적이 있다. 말이 쓰러지지 않고 경사나 구덩이를 잘 통과하게 하는 게임이다. 꽤 난이도가 높은 게임이라 며칠째 붙잡고 끙끙대고 있었다. 내가 번번이 실패할 때마다 채팅창에서도 동시에 한숨이 쏟아졌다. 그러길 일주일째, 마침내 내가 게임을 클리어하자 마치 국가대표 선수가 금메달을 딴 듯 환호성이 쏟아지면서 채팅창이 열광의 도가니가 되었다. 이런 대단한 몰입도와 현장감은 편집 방송에서는 느낄 수 없는 생방송만의 묘미다.

내가 매일 밤 생방송을 하는 이유는 또 있다. 방송을 진행하는 감을 잃지 않기 위한 일종의 트레이닝이다. 언젠가는 나도 웹에서 토크쇼를 진행하고 싶은 욕심이 있다. 이때를 위해 소통 및 진행 능력을 꾸준히 갈고 닦으며 초심을 유지하고 싶다.

편집 영상을 몇 년째 올리면서 고정 구독자 층을 확보한 사람이라면 생방송에도 도전해보길 권한다. 시청자와 소통하는 재미도 크지만, 무엇보다 1인 미디어로서 역량을 키우고 팬덤을 형성하는 데 큰 도움을 받을 수 있다. 인터넷 생방송을 노련하게 진행하는, 나만의 노하우를 몇 가지 소개한다.

1. 주 4회 이상, 시간을 엄수해 꾸준히 방송한다

인터넷 생방송은 최소 주 4회 이상은 하는 것이 좋다. 그래야 고정 시청자 층을 확보할 수 있고, 진행자도 실력이 는다. 1회 방송 시간은 3~4시간 정도가 적당하다. 그 긴 시간을 뭘 하며 때우나 싶겠지만, 막상 해보면 1시간은 눈 깜짝할 사이에 지나간다. 아내 융댕 님은 아프리카TV 초창기에 연속해서 9시간 동안 방송한 적도 있다고 한다. 시청자의 호의적인 반응이 신기하고 재미있어서 힘든 줄도 모르고 방송했다는 것이다. 처음에는 그럴 수 있지만, 꾸준히 방송하려면 너무 무리하는 것도 좋지 않다. 4시간 이상 방송하면 진행자도 힘들고 시청자도 힘들다. 생방송 대부분이 저녁 9시부터 시작한다는 걸 고려하면 시청자를 배려해서라도 방송 시간은 4시간을 넘기지 않는 것이 좋다.

인터넷 생방송이 대개 밤 9~10시 사이에 시작하는 것은 그 시간대에 시청자가 가장 많이 몰리기 때문이다. 밤 9시 이후는 시청자들이 하루 일과를 마치고 느긋하게 모니터 앞에 앉는 때다. 인터넷 생방송뿐 아니라 공중파 프라임 프로그램도 몰리는 시간대다. 그래서 초보 진행자는 경쟁을 피해 다른 시간대를 선택하는 것이 더 유리할 거라고 생각할지도 모른다. 하지만 이 시간대를 선택하지 않으면 시청률은 더 안 나온다. 외따로 떨어져 있는 음식점보다 먹자골목에 속한 음식점에 손님이 더 잘 드는 것처럼 인터넷 생방송도 일단 시청자가 많이 몰리는 시간대를 선택하는 것이 유리하다.

생방송 진행에서 가장 중요한 것은 성실함이다. '매주 월·수·금·토요일 오후 10시' 식으로 시간대를 공지하고, 정해진 시간에 정확하게 방송을 시작해야 한다. 진행자 마음대로 했다 안 했다 하는 방송은 시청자에게 신뢰를 주지 못한다. 오늘 할지 안 할지도 모르는 방송을 일부러 기다렸다가 찾는 시청자는 없다.

2. 오디오가 비지 않게 하라

라디오 방송에서는 8초 이상 아무 소리도 나가지 않으면 방송 사고로 친다. 인터넷 생방송에 그 정도로 엄격한 기준을 적용하기는 어렵지만, 그래도 최대한 오디오가 비지 않게 해야 시청자가 편안하게 방송을 즐길 수 있다.

초보자가 흔히 저지르는 실수 하나가 방송 시작할 때 아무 말도 하지 않는 것이다. 처음 방송을 켜면 시청자 수가 얼마 안 된다. 진행자 입장에서는 '열 명 정도 모여 있는데 방송 시작하기는 좀 그렇고, 한 100명 정도 모이면 시작해야지' 하고 생각할 수도 있다. 하지만 시청자 입장에서는 어떨까. 방송 시작 시간에 딱 맞춰 찾아왔는데, 진행자가 아무 말도 없이 멀뚱멀뚱 있다면 지루해서라도 나가버릴 것이다. 시청자가 단 한 명뿐이라도 일단 방송은 시작해야 한다. 정 할 말이 없으면 "어서 오세요. 오늘도 찾아주셔서 감사합니다." 하고 인사말이라도 건네고, 날씨 이야기라도 하자.

오디오가 비지 않게 쉴 새 없이 말하는 것은 체력적으로도 참 힘든 일이다. 그러니 방송 시작 전 든든하게 식사하고, 평상시에 도 컨디션 조절에 늘 힘써야 한다.

3. 시청자와의 소통이 가장 중요하다

인터넷 생방송에서는 소통과 공감이 가장 중요하다. 아무리 아는 게 많은 사람이라도 매주 4회 이상 생방송을 하면 3개월도 채 안 돼서 밑천이 바닥난다. 하지만 시청자와 소통하면 매일같이 방송을 해도 이야깃거리가 끊이질 않는다. 매일 만나는 친구일수록 할 이야기가 점점 많아지는 것과 같은 이치다.

초보 진행자는 채팅창을 읽는 것 자체가 어려울 수도 있다. 1만 명이 동시 접속하고, 그 가운데 10퍼센트만 채팅에 참여한다고 해도 자그마치 1,000명이다. 이렇게 많은 시청자가 한꺼번에 글을 올린다고 생각해보라. 처음에는 당연히 단 한 글자도 눈에 안 들어온다. 하지만 시간이 지나 방송에 익숙해지면 일명 '동체시력'이라는 것이 생긴다. 그때쯤이면 KTX 속도로 올라가는 채팅 창도 여유롭게 읽을 수 있을 테니 걱정하지 않아도 된다.

4. 말조심, 자나 깨나 말조심

내가 악의 없이 던진 말 한마디에도 누군가는 상처받거나 불쾌함을 느낄 수 있다. 한번은 게임 속에서 상점주인 역할을 맡았다.

한 여성 캐릭터가 물건을 집어 들고 달아나기에 아무생각 없이 "아줌마, 아줌마, 거기 서!"라고 내뱉었는데, 그 말이 여성 비하라며 인터넷 커뮤니티에서 논쟁이 붙었다. 나는 그저 '중년 여성'이라는 의미로 '아줌마'라는 단어를 썼을 뿐인데, 누군가는 그 말을 여성 비하로 받아들였다니 당황스러웠다. 사전을 찾아보니 '아줌마'는 '아주머니'를 낮추어 부르는 말이란다. 그제야 시청자들 반응이 이해가 됐다. 단어 하나도 신중하게 써야 한다는 걸 뼈저리게 깨닫게 된 사건이었다.

방송에서 한 말이 왜곡 전달되는 경우도 많다. 예를 들어 게임이 하도 어려워서 "와, 이 게임 제작자, 완전 미친 거 아니에요?" 하고 한마디 했다고 하자. 이 말이 입에서 입으로 전해져 왜곡되면 제작자 귀에는 "대도서관이 방송에서 당신더러 미친놈이라고 했다."로 전달될 수도 있다.

특히 정치적 발언에 주의해야 한다. 나도 시민의 한 사람으로서 정치에 무관심한 편은 아니다. 하지만 정치와 전혀 관련 없는 게임 방송에서 내 정치적 입장을 밝히라고 요구할 권리는 누구에게도 없다. 그런데도 집요하게 물고 늘어지면서 내 입장을 묻는 시청자가 있어서 짜증을 내며 한마디 툭 내뱉었다가 한동안 후폭풍에 시달린 경험이 있다.

연예인이 방송에서 실수하면 대본이나 편집 핑계를 댈 수 있다. 소속사에서 사건을 무마시켜주기도 한다. 하지만 크리에이터는 자기 실수를 온전히 자기가 책임져야 한다. 자기 잘못이 명백

하다면 진심으로 사과하는 것이 가장 좋은 대응책이다. 자기가 저지른 실수를 진심으로 반성하고 재발 방지를 위해 노력하는 모습을 보여야 한다. 그것이 프로다운 자세다. 실수는 누구나 하지만, 실수를 만회하는 일은 오로지 프로만 할 수 있다.

5. 악플러에게 화를 내면 다른 시청자까지 불편해진다

악성 댓글 없는 채팅방이 있을까. 청정구역이라 불리는 내 채팅방에도 많진 않지만 악성 댓글이 달린다. '지루하다', '재미없다' 정도는 양반이고 심한 경우는 인신공격도 한다. 참 신기하게도 수천 개에 이르는 댓글 중에서도 악성 댓글은 금세 눈에 띈다. 눈에 쏙쏙 들어와 박힌다는 표현이 더 정확할 것이다. 하지만 나는 악성 댓글에 어떤 반응도 보이지 않는다. 악성 댓글에는 무반응이 가장 좋은 반응임을 경험으로 알았기 때문이다.

한때는 악성 댓글을 볼 때마다 화를 내보기도 했다. 하지만 곧 역효과만 난다는 걸 알게 되었다. 악성 댓글을 소리 내어 읽고 화를 내면 나 자신도 힘들지만, 애먼 대다수 시청자들도 덩달아 불편해진다는 걸 깨달았다.

부모가 아이 키울 때는 나쁜 행동 말고 좋은 행동에 주목해야 한다고 한다. 부모가 아이의 나쁜 행동에만 반응하고, 좋은 행동에는 반응을 보이지 않으면 아이는 부모 관심을 끌기 위해 더욱 나쁜 행동을 하게 된다는 것이다. 악플러도 이와 비슷하지 않을까 싶다. 못된 말만 골라서 올리는 데는 크리에이터나 다른 시청자들의 관심을 끌려는 심리도 있을 것이다. 악플러는 사람들이 주목하면 할수록 더 기승을 부리게 마련이니 그냥 무시하는 게 제일이다. 정 거슬리면 해당 아이디를 차단하면 된다.

악성 댓글 때문에 너무 괴롭다면 이 두 가지를 명심하자. 첫째, 세상 모든 사람이 날 사랑해줄 수는 없다. 단 20퍼센트만 나를 좋아해준대도 정말 감사할 일이다. 둘째, 시청자 피드백은 소중하지만, 절대적으로 옳진 않다. 시청자에게 휘둘리지 말고, 나 자신을 잃지 않기 위해 노력해야 한다.

6. 생방송 특유의 돌발성을 즐겨라

예상하지 못한 돌발성, 즉흥성이야말로 공중파는 따라올 수 없는 인터넷 생방송만의 매력이다. 한번은 생방송 도중에 너무 피곤해서 "개운하게 딱 10분만 자고 일어날게요. 음악 들으면서 잠깐만 기다려주세요." 하면서 자리 깔고 누운 적이 있다. 피곤해 보이니 푹 쉬라는 시청자들의 훈훈한 격려 댓글을 보며 스르륵 잠이 들었는데…. 맙소사, 무려 1시간이 넘게 자버렸다. 재미있는 건 이 '본격 수면 방송'을 자그마치 3,800명이 보고 있었다는 사실이다. 자기들끼리 신나게 채팅하면서. 만일 공중파 생방송 중에 이런 일이 벌어졌다면 나는 대형 방송사고를 일으킨 죄로 당장 해고당했을 것이다. 하지만 인터넷 생방송에서는 이런 해프닝이 오히려 예상치 못한 재미가 된다.

생방송 특성상 돌발 상황은 언제라도 생길 수 있다. 이럴 때 당황하면 방송사고지만 순발력을 발휘하면 생방송의 묘미를 톡톡히 살릴 좋은 기회가 된다. 초보 진행자일수록 자기가 준비한 것에 매몰돼 그것만 보여주려고 한다. 기획한 대로만 자로 잰 듯 방송할 게 아니라 실수하더라도 진솔하고 여유 있는 자세를 가져보자.

7. 팬들과 거리를 유지하라

인터넷 생방송 초반, 시청자 수가 적을 때 초보 진행자가 흔히 저지르는 실수가 있다. 얼마 되지 않는 시청자가 너무 고마운 나머지 그들을 하나하나 세심하게 챙기는 것이다.

"○○님, 오늘도 오셨네요. 감사해요."

"△△님, 어제는 왜 안 오셨어요? 어디 편찮으셨나요?"

진행자가 시청자들 잘 챙기는 게 무슨 문제일까 싶겠지만, 시청자 입장에서 보면 그렇지 않다. 진행자가 시청자에게 어제는 왜 안 왔냐, 무슨 일이 있었냐, 물어보는 것이 시청자에게는 앞으로 절대 빠지지 말라는 당부로 느껴져 부담스러울 수도 있다. 게다가 신규 시청자 눈에는 방송 전체가 진행자와 소수 시청자의 친목 모임처럼 보일 위험도 있다.

나도 인터넷 생방송 초보 시절에는 시청자와 친하게 지내는 것이 소통인 줄 알았다. 하지만 방송을 몇 번 해보니 그게 아니었다. 진행자와 시청자 사이에는 일정한 거리 유지가 필요하다. 시청자들끼리도 마찬가지다. 시청자끼리 교감하고 소통하는 건 좋은데, 더 가까운 사이로 발전해 서로에게 반말하는 정도까지 되면 그때부터는 인터넷 방송 채팅창이 아니라 친목회 채팅창이 되어버린다. 게다가 새로 들어오는 시청자가 소외감을 느끼고 적응을 못하는 경우도 생긴다. 그래서 나는 지금도 시청자들끼리 채팅창에서 그룹을 이루어 친목 도모를 하지 말아달라고 반복해 부탁하고 있다.

내가 채팅창 매니저를 두지 않았던 것도 같은 이유에서다. 아프리카TV에서 생방송을 할 당시에는 대다수 BJ들이 채팅창 매니저를 두고 있었다. 채팅창 매니저는 악플러의 글을 삭제하거나 아이디를 차단하는 등 채팅창 환경을 건전하게 관리하는 일을 하는데, 주로 BJ의 열혈 팬이나 별풍선을 후하게 쏘는 시청자가 차지하는 자리였다.

그런데 가만 보니 채팅창 매니저가 오히려 분란을 일으키는 경우도 많았다. 일부 채팅창 매니저가 BJ와의 친분과 누군가를 채팅창에서 내쫓을 수 있는 권한을 악용해 악플러도 아닌 사람을 자기 마음에 안 든다는 이유로 차단하는 등 여러 불미스러운 일을 저질렀기 때문이다. 이 역시 BJ가 채팅창 매니저 역할을 하는 시청자와 적정한 거리를 유지하지 못해 생기는 일이다.

무엇보다 최악인 경우는 BJ가 시청자에게 개인적인 접촉을 시도하는 일이다. 생방송을 진행하다 보면 크든 작든 일종의 팬덤이 형성된다. 그런데 일부 BJ가 팬덤을 악용하여 시청자에게 성적 접촉을 시도하거나 돈을 갈취하는 등 범죄 행각을 저지르는 경우가 종종 있다. 시청자와 소통하라는 말을 허물없이 지내라는 말과 혼동해서는 안 된다. 방송을 통해 시청자에게 사생활 일부를 공개할 수도 있고, 오프라인 팬 미팅을 통해 시청자와 대면할 수도 있지만, 딱 거기까지다. 시청자는 그저 시청자로만 보아야 한다.

수익,
후원이 아닌
광고가 답이다

1인 미디어는 후원금과 광고로 수익을 얻는다. 후원금이란 생방송 중에 시청자가 크리에이터에게 직접 보내는, 일종의 창작지원금이다. 아프리카TV의 '별풍선', 유튜브 라이브의 '슈퍼챗', 카카오TV의 '쿠키'가 여기에 해당한다. 동영상 플랫폼 업체가 후원금의 10~40퍼센트를 수수료로 공제하기 때문에 시청자가 1,000원의 후원금을 보내도 크리에이터가 실제로 수령하는 금액은 600원 정도다.

흥미로운 점은 전 세계 화폐가 들어온다는 것이다. 생방송은 언어 문제로 해외에서 소비하기 어렵지만, 해외 교민이 시청하는 경우도 꽤 있어서 엔, 유로, 달러, 파운드, 호주달러가 들어오기도 한다. 내 집 안방에서 외화벌이를 하는 셈이다.

생방송 후원금, 쉬운 돈이라고 생각하다 큰코다친다

아프리카TV에서 방송하던 시절, '콘텐츠 대상'까지 받을 만큼 인기 있는 BJ였지만, 수익은 신통치가 않았다. 아프리카TV로 옮긴 첫 달에는 총 60만 원의 수익을 올렸고, 다음 달부터는 200만 원 수준이었다. 쌀 한 움큼으로 사흘을 버텼던 다음TV팟 시절에 비하면 200만 원이라는 돈은 어마어마한 액수지만, 억대 수익을 올리는 BJ들도 꽤 많았던 때라 수익으로만 따지면 나는 늘 100위권 밖이었다. 별풍선 수익이 낮았던 이유는, 내가 여느 BJ들처럼 별풍선 쏘기를 독려하기는커녕 오히려 만류했기 때문이다.

"여러분, 별풍선 안 쏘셔도 돼요. 저는 나중에 기업들 대상으로 돈을 벌겠습니다! 저는 별풍선 쏜 분들에게 특별히 잘해드리지 않아요. 그러니까 쏘지 마세요."

별풍선을 쏘는 시청자에게는 간단하게 "감사합니다."라는 인사 정도만 했고, 방송 진행에 지장이 있을 것 같으면 그나마도 하지 않았다. 나도 별풍선을 많이 받으려면 어떻게 해야 하는지 잘 알고 있었다. 일부 BJ는 아예 콘텐츠 없이 별풍선 리액션만 하는 경우도 있었다. 별풍선 쏘라고 독려하고, 별풍선 쏜 시청자가 하라는 대로 다 하는 식이었다. 노래하라면 노래하고, 간장 먹으라면 간장 먹고, 더 심한 걸 시켜도 하는 경우가 많았다. 특히 외모가 되고 매력이 넘치는 BJ들은 특별한 콘텐츠도 없이 이런 리액션만 하면서 손쉽게 돈을 벌었다.

내 시청자가 평균 6,000~7,000명, 많게는 1만 명이었다는 점을 고려하면, 나도 마음만 먹으면 돈을 많이 벌 수 있었을 것이다. 그런데도 내가 욕심을 부리지 않았던 이유는 세 가지였다.

첫째, 돈이 최우선 목적이 아니었다. 나는 퍼스널 브랜딩의 일환으로 인터넷 생방송을 시작한 사람이다. 돈보다는 내가 방송을 잘할 수 있을까, 시청자가 내 방송을 유쾌하게 볼까, 내가 1인 브랜드로 성공할 수 있을까가 더 중요했다.

크리에이터가 후원금에 연연하면 별풍선을 쏜 시청자에게만 집중하게 된다. 실제로 아프리카TV의 일부 BJ들은 별풍선을 후하게 쏜 시청자를 '회장님'이라고 부르며 깍듯하게 대접했다. 일명 '회장님'들은 BJ에게 노래를 해봐라, 춤을 춰봐라 등의 요구를 하며 방송을 제멋대로 휘둘렀을 뿐만 아니라 자기 마음에 안 드는 시청자를 내쫓고, 자기와 친한 사람들과 똘똘 뭉쳐 세력을 과시했다.

이런 경우 BJ는 '회장님'이 채팅창을 어지럽히고, 자기 방송을 좌지우지하는데도 고분고분 맞춰줄 수밖에 없다. 전체 시청자의 2~3퍼센트에 해당하는 '회장님'들이 후원금의 90퍼센트 이상을 내기 때문이다. 이런 구조에서 '회장님'들 심기를 건드리면 수입에 엄청난 타격을 입는다. 한번은 큰손이었던 '회장님'이 변심해 다른 BJ의 방송으로 넘어갔다는 이유로 BJ들끼리 큰 싸움이 붙은 적도 있다.

내가 별풍선에 연연하지 않은 두 번째 이유는 1인 미디어 이미지를 개선하는 데 나라도 도움이 되었으면 하는 마음 때문이었다. 나 한 사람이라도 유쾌한 방송으로 시청자 사랑을 받는다면 1인 미디어 이미지 개선에도 도움이 되고, 향후 1인 미디어 도전자들에게도 좋은 선례가 되지 않을까 생각했다.

당시 인터넷 생방송은 B급도 아닌, C급 이미지였다. 후원금을 위해서라면 물불을 가리지 않는, 선정적이고 자극적이며 불쾌한 방송이라는 인식이 강했다. 별풍선 후원금에 얽힌 불미스러운 사건도 참 많았다. 한 경리과 직원이 자기가 좋아하는 BJ에게 별풍선을 쏘기 위해 회사 공금을 횡령한 사건도 있었다. 융댕 님도 아프리카TV에서 BJ를 하던 시절, 황당한 일을 겪었다. 한 초등학생 시청자가 엄마 카드로 200만 원 가량의 별풍선을 쏜 것이다. 나중에 아이 부모님에게 그 사실을 전해들은 융댕 님은 받은 후원금 전액을 돌려주었다고 한다.

세 번째 이유는 후원금이 아닌 광고 수익을 염두에 두었기 때문이다. 인터넷 생방송 수익은 대개 후원금에 의존하지만, 더러 배너 광고 등으로 수익을 올리기도 한다. 그런데 당시 인터넷 생방송 이미지가 좋지 않았던 탓에 대개는 영세기업 광고 또는 도박·음란물 광고가 대부분이었다. 이런 광고는 수익이 적기도 했고, 내 방송 이미지에도 도움이 되지 않았기 때문에 단 한 번도 붙인 적이 없다.

내가 목표로 한 시장은 유튜브 광고였다. 당시에도 해외에는 유튜브 동영상으로 엄청난 광고 수익을 올리는 크리에이터가 꽤 있었다. 우리나라에는 아직 유튜브 비즈니스 모델이 도입되지 않았지만, 조만간 거대 미디어가 아닌 개인이 콘텐츠를 촬영하고 편집하는 1인 미디어가 되어 광고 수익을 올릴 수 있을 거라 예상했다. 이런 광고 시장이 열릴 것을 예상하고 있었기 때문에 별풍선 후원금에 목맬 이유가 없었다. 인터넷 생방송을 시작한 것도 그 기회가 열릴 때까지 내 역량을 시험하고 싶어서였다.

유튜브 생방송을 하고 있는 요즘도 나는 슈퍼챗 후원금을 거의 받지 않는다. 광고 수익으로도 충분하기 때문이다. 후원금 자체가 나쁘다고는 생각하지 않는다. 일종의 크라우드펀딩crowd funding이자 창작지원금이라는 면에서 긍정적인 측면이 분명 있다. 다만, 수익 대부분을 시청자, 특히 소수 시청자의 후원금에 의존할 때 생기는 부작용을 경계할 뿐이다.

다시 한 번 강조하지만, 1인 미디어 초보자는 생방송이 아닌 편집 방송에 도전하길 권하며, 만일 생방송을 한다면 후원금에 크게 의존하지 않길 바란다. 후원금에 연연하는 순간, 별풍선 쏘는 소수 시청자에게 흔들리느라 방송은 산으로 간다.

광고 수익 올리는 꿀팁은 양질의 콘텐츠를 꾸준히 올리는 것

1인 미디어 대도서관의 수익은 대부분 광고에서 나온다. 내 유튜브 순수 광고 수익은 2012년 국내에 유튜브 개인 수익화 모델이 도입된 후부터 꾸준히 증가하여 현재는 월 4,000만 원에 달한다.

처음으로 유튜브 광고 수익이 월 400만 원을 넘어선 시점부터 나는 유튜브에 동영상을 올리는 것만으로 수익을 낼 수 있다는 사실을 널리 알려왔다. 유튜브가 돈이 된다는 사실을 알아야 사람들이 더 많이 모이고, 시장도 더 커질 것이기 때문이다. 내가 tvN 〈강용석의 고소한 19〉에 출연해 유튜브로 월 1,300만 원의 수익을 올리고 있다는 사실을 공개하자, 처음에는 반신반의했던 사람들도 유튜브로 몰려들기 시작했다.

2017년 동영상 광고 시장 규모는 5,500억 원, 2018년에는 이보다 1,000억 원 이상 증가할 것이라고 한다. 광고 시장이 커지면서 유튜브 크리에이터들의 성장세도 뚜렷해졌다. 2018년 2월 현재 구독자 수가 100만 명 이상인 채널은 자그마치 84개다. 한 해에 수십억 원 이상의 광고 수익을 거두는 1인 크리에이터도 여럿 생겼다. 유튜브 플랫폼의 새로운 가능성에 도전하는 사람은 많아지고 있지만, 막연하게 '유튜브로 돈 좀 벌고 싶다'는 생각만 있을 뿐 정확히 어디서 어떤 수익을 얻는지는 잘 모르는 것 같다. 유튜브 광고 수익에 대해 좀 더 자세히 설명해보려 한다.

1. 유튜브 광고

크리에이터가 자기 콘텐츠에 광고를 게재하려면 우선 구글 측에 수익 창출 신청을 해야 한다. 수익 창출 신청이 승인되려면 두 가지 조건이 필요하다. 과거 12개월간 총 시청 시간이 4,000시간 이상이고, 구독자 수는 1,000명 이상이어야 한다. '시청 시간' 을 동영상 길이로 착각하고 아연실색하는 유튜버들이 많다. 어느 세월에 4,000시간 분량의 동영상을 제작하느냐는 것이다. 하지만 '시청 시간'이란 유튜버가 올린 동영상 길이가 아니라, 시청자가 내 채널의 동영상을 감상한 시간의 총합이다. 크리에이터가 5분 길이의 동영상을 올리고, 시청자가 평균 3분 정도 본다고 했을 때 조회 수가 8만 정도만 나오면 시청 시간 4,000시간에 도달하게 되는 셈이다.

이런 조건을 충족해 수익 창출 신청이 승인되면 크리에이터의 콘텐츠에 구글 광고가 노출되면서 광고 수익이 발생한다. 시청자 입장에서는 광고가 반갑지만은 않은 터라 유튜브와 광고주는 광고를 매우 신중하게 노출한다. 구글 빅 데이터가 시청자의 성별, 나이, 취미, 위치, 사용기기, 사용 시간, 광고 호응도, 마지막으로 비디오 광고를 시청한 시간 등을 분석해 시청자에게 최대한 도움이 되는 광고를 적절한 타이밍에 노출한다.

수익 창출 신청 승인 후 크리에이터는 자기 콘텐츠에 어떤 유형의 광고를 게재할지 선택할 수 있다. 광고 유형은 크게 다섯 가지다. 각각 노출되는 기기와 광고 단가, 특징이 다르므로 신중하게 살펴보고 자기에게 가장 유리한 유형을 선택하자.

▶ 디스플레이 광고 : 추천 동영상 오른쪽에 게재되며 PC에서만 보인다. 시청자가 광고를 시청하거나 클릭하면 광고 수익이 들어온

다. 시청을 방해하지 않고 시청자 거부감이 덜해 나도 이 유형을 선택하고 있다.

▶ 배너 광고 : 콘텐츠 하단에 게재되며 PC에서만 보인다. 배너를 클릭하고 전체 광고를 시청해야 광고 수익이 들어온다. 광고 단가도 낮고, 배너가 콘텐츠의 자막이나 이미지를 보는 데 방해가 되는 경우도 있어서 나는 선택하지 않고 있다.

▶ 5초 후 스킵 광고 : 콘텐츠 앞과 뒤, 또는 중간에 삽입한다. 광고 길이는 보통 2~3분, 길게는 5분인데, 시청자가 30초 이상(광고주 설정에 따라 어떤 광고는 끝까지) 시청해야 광고 수익이 발생한다. 유튜버들이 가장 일반적으로 설정하는 광고 유형이다. 나는 편집 방송 시작과 생방송 중간에 주로 삽입한다.

▶ 스킵할 수 없는 광고 : 시청자가 15~30초 길이의 광고를 다 봐야만 콘텐츠를 시청할 수 있다. 단가가 가장 높지만, 광고가 끝나길 기다리지 못하고 이탈하는 시청자도 많으므로 대개는 잘 선택하지 않는 유형이다.

▶ 범퍼 광고 : 스킵할 수 없는 광고지만, 길이가 6초 정도라 시청자가 부담스러워하지 않는다. 최근 광고주들이 가장 선호하는 유형이다.

유튜브 광고 수익을 올리기 위해 조회 수에만 신경을 써서는 안 된다. 최근 1뷰당 1원의 광고 수익이 붙는다는 낭설이 퍼지면서 한탕주의로 자극적인 영상을 만드는 경우가 많아지고 있다. 조회 수가 높으면 수익이 높을 가능성도 있지만, 둘의 관계가 반드시 정비례하는 것은 아니다. 여러 이유로 광고 단가가 달라지기 때문이다. 일례로 콘텐츠를 어느 나라에서 소비하느냐에 따라 광고 단가가 달라진다. 한국의 광고 단가가 1이라면 일본은 3~4, 미국은 7~8에 이른다. A 채널과 B 채널의 조회 수가 같다고 해도 A 채널은 국내에서, B 채널은 미국에서 더 많이 소비된다면 B 채널의 광고 수익이 더 많을 수밖에 없다.

콘텐츠 내용과 타깃 연령대도 중요하다. 키즈 채널은 동영상 시청 시간이 길고, 콘텐츠의 언어 장벽이 낮아 해외에서 소비될 가능성이 높아 조회수를 올리기에는 좋다. 그러나 키즈 콘텐츠에는 유아 대상 광고만 노출될 가능성이 높아 광고 단가는 상대적으로 낮다. 반면 구매력 높은 20~30대 여성을 대상으로 한 쇼핑·뷰티 채널은 광고 단가가 가장 높다. 이런 채널은 키즈 채널보다 조회 수가 높지 않아도 광고 수익은 더 많을 수 있다.

실제로 유튜브에서 가장 중요하게 여기는 지표는 '시청 시간'이다. 시청 시간과 구독자 수, 조회 수 등 다양한 지표로 영상을 판별하여 광고를 붙일지 말지를 결정한다. 이 지표들이 우수하면 비싼 광고가 붙을 확률이 높아진다. 구글 광고 시스템은 굉장히 정교하고 복잡하게 작동하기 때문에 어떻게 채널을 운영해야 높은 광고 수익을 낼 수 있는지 딱 잘라 말하기는 어렵다. 다만 한 가지 확실한 것은 조회 수를 올리고자 자극적인 콘텐츠를 올리는 것보다는 높은 충성도를 꾸준히 유지하는 채널로 만드는 것이 훨씬 낫다는 것이다.

2. 브랜드 광고

구독자 수가 많고 안정적인 채널에는 유튜브 광고 시스템과는 별도로 기업에서 1인 크리에이터에게 직접, 또는 MCN을 통해 브랜드 광고를 제안하기도 한다. 기업에서 브랜드 광고를 제안하는 기준은 채널 인지도, 즉 구독자 수다. 쉽게 말해 구독자 수가 많아야 단가가 높은 브랜드 광고가 들어올 가능성이 크다는 것이다. 인기 1인 크리에이터는 유튜브 광고 수익보다 브랜드 광고 수익이 더 크기 때문에 구독자 수를 끊임없이 늘리는 것이 광고 수익을 극대화하는 방법이다.

대표적인 브랜드 광고로는 PPL이 있다. 이는 방송 중에 자연스럽게 제품을 노출하거나 언급하는 방식의 광고다. 광고 단가가 높은 편은 아니며 구독자 수에 따라 달라진다. 한번은 윰댕 님이 생방송 중에 늘 쓰던 화장품을 썼는데(PPL은 아니었다), 그 제품을 판매하는 쇼핑몰이 다운될 정도로 시청자들이 큰 관심을 보인 적이 있다. 연예인과 달리 1인 크리에이터가 PPL을 하면 내가 잘 아는 사람이 자기가 제품을 직접 써보고 추천한다는 느낌을 준다. 바로 이것이 1인 크리에이터가 하는 PPL 광고의 위력이다.

브랜드 광고 중에서도 단가가 높은 것은 외부 광고branded contents다. 외부 광고란 광고주의 의뢰를 받아 1인 크리에이터가 광고의 기획부터 제작, 편집, 유통까지 모든 과정을 책임지는 형태를 말한다. 1인 미디어 초창기에는 크리에이터를 광고에 활용하는 방식에 혼선이 있었다. 광고주는 크리에이터를 연예인처럼 광고 모델로 활용하려 했지만, 외부 광고 첫 세대인 나는 이런 방식에 반대했다. 크리에이터의 영향력은 연예인과는 다르다. 우리가 연예인처럼 모델로 등장한다고 해서 파급력이 크지는 않을 것이다. 단, 크리에이터가 기획을 하면 전혀 다른 광고를 만들 수 있다고 광고주와 MCN을 설득했다.

광고 제작비는 크리에이터의 역량에 따라 달라진다. 내 경우 1인 미디어에서는 거의 최상급으로, 한 편에 3,000~5,000만 원 정도를 받는다. MCN이나 광고 에이전시 비용을 제외하고, 나머지 제작비에서 실제 광고 제작에 얼마를 투자하느냐는 순전히 크리에이터 마음이다. 나는 광고 완성도에 욕심이 많은 편이라 제작비를 1,000~1,500만 원 정도 투자한다. 크리에이터가 만드는 광고는 완성도가 너무 높아도 시청자들에게 부담감을 줄 수 있다. 반면 기업 입장에서는 광고 완성도가 낮으면 기업의 품위를 손상시킨다고 생각할 수 있다. 이 중간 어디쯤에서 중심을 잘 잡는 것이 크리에이터의 능력이다.

광고 기획은 기본적으로 광고주와 협의하지만, 광고주 측에서 크리에이터의 역량을 최대한 존중하는 편이다. 핵심은 재미있는 콘텐츠에 광고 내용을 최대한 자연스럽게 녹여내는 것이다. 맥주 광고를 사극으로, 프린터 광고를 리얼 예능 형식으로 푸는 등 시청자가 콘텐츠와 스토리텔링을 즐기면서 광고를 거부감 없이 받아들이게 하는 것이 포인트다.

광고를 제작할 때 카메라, 메이크업, 조연 등은 외주를 주지만,

기획, 대본, 출연은 내가 직접 한다. 편집은 엉클대도에서 한다. 편집이야말로 광고 기획을 핵심적으로 드러내는 부분이기 때문이다. 간혹 "내 채널은 구독자 수도 많은데 왜 외부 광고가 안 들어올까요?"라는 질문을 받을 때가 있다. 이런 경우에는 광고주 시선으로 자기 콘텐츠를 모니터링해보길 바란다. 광고주가 만족할 만한, 완성도 높은 영상을 제작할 역량이 보이는가, 시청자에게 신뢰감을 주는 영상을 제작하고 있는가를 살펴보라는 말이다. 만일 답이 "아니요."라면 이제부터는 내게 그런 역량이 있다는 사실을 증명할 만한 콘텐츠를 만들어야 한다.

3. 미디어 커머스

아예 자신의 유튜브 채널을 상품 판매 통로로 사용하여 수익을 내기도 한다. 홈쇼핑 채널을 고스란히 유튜브로 옮겼다고 보면 된다. 나도 대도서관TV를 통해 직접 물건을 판매한 적이 있다. 중소기업 지원 취지에서 도전한 일이었는데, 홈쇼핑처럼 정형화된 방식이 아니라 예능을 접목해 재미있게 방송했던 기억이 있다. 반응도 꽤 좋아서 일부 품목은 완판을 기록하기도 했다. 하지만 이런 기획을 자주 할 것 같진 않다. 채널에서 직접 상품 판매를 시작할 경우 시청자가 거부감을 갖게 될 위험이 높다고 판단하기 때문이다.

결국엔 좋은 영상을 만들어야 돈도 번다

유튜브에 연일 자극적인 동영상이 올라 논란이 계속되고 있다. 해외 유명 유튜버가 실제 시신을 촬영한 동영상을 올렸는가 하면, 여성 혐오나 인종 차별 등 부적절한 내용을 담은 영상이 유통되는 일도 있다. 이 때문에 유튜브 편집 방송의 유해성을 두고 우려의 목소리가 높아지고 있다.

내 입장은 '결국은 자본이 해결해주리라'다. 자본의 논리로 자정될 거라는 뜻이다. 이런 자극적인 동영상을 올리는 목적은 결국 광고 수익에 있다. 조회 수를 높여 돈을 벌어보려는 속셈인 것이다. 하지만 앞에서 강조한 대로 조회 수가 곧 광고 수익으로 이어지는 것은 아니다.

얼마 전 유튜브 해외 광고주들이 유튜브 광고 게재 거부를 선언했다. 음란하고 부적절한 동영상에 자사 광고가 붙으면 기업 이미지에 손상을 입을 수 있다는 것이 그 이유다. 광고 수익에 의존하는 유튜브로서는 광고주들의 광고 게재 거부가 마른하늘에 날벼락일 수밖에 없다.

이후 유튜브는 수익 창출 기준을 기존보다 엄격하게 강화했다. 기존에는 채널 조회 수가 총 1만 건이 되면 누구라도 수익 창출 신청을 할 수 있었다. 그러나 2018년 1월부터는 지난 12개월 동안 시청 시간 4,000시간 이상, 구독자 수 1,000명 이상을 충족하는 경우에만 수익 창출이 가능하도록 방침을 바꾸었다. 이는 신뢰도 높은 채널에만 광고 수익을 주겠다는 뜻이다. 또한 인기 동영상을 대상으로 검토를 강화하고, 광고주에게 광고 게재 정보를 투명하게 공개하기로 했다.

더 강력한 규제가 필요하다고 생각하는 사람들도 많을 것이다. 하지만 하루 동안 유튜브에 업로드되는 동영상이 무려 66년 분량이라는 점을 떠올려보면 이 방대한 콘텐츠를 일일이 제어하기란 현실적으로 불가능함을 알 수 있다. 강력하고 강압적인 규제보다는 자극적인 콘텐츠의 수익성을 떨어뜨리는 구조로 바꾸는 것이 훨씬 효과적이다. 물론 유튜브 생방송은 자체 규제를 강화하는 방법으로 압박을 가하게 될 것 같긴 하다.

결국 좋은 동영상이 고수익을 올리는 구조를 만들어야 유튜브도 1인 크리에이터도 상생이 가능하다. 일부에서는 유튜브가 수익 창출 기준을 강화하여 유튜버로 돈 벌기가 어려워졌다고 성급하게 진단하지만, 내 생각은 다르다. 오히려 질 낮은 콘텐츠가 걸러지면서 광고 시장이 안정화되고, 양질의 콘텐츠를 생산하는 유튜버가 고수익을 올리는 구조가 될 것이다.

구독자 수를 꾸준히 늘리는 것만이 장기적인 수입을 보장받는 길이다. 그러기 위해서는 자극적이고 단발적인 콘텐츠로 한탕을 노리기보다는 이탈하는 구독자가 없도록 자기 채널 정체성을 잘 유지해야 한다. 무엇보다 양질의 콘텐츠를 지속적으로 생산해야 한다는 사실을 잊지 말자.

Chapter 4

1인 브랜드
시장이 커야
나도 큰다

: 내 분야의 파이를 키우기 위해 할 일들

공유,
영향력 가진 사람이
판을 키운다

    내가 언론에 얼굴을 공개한 건 2013년 초였다. 그전까지는 인터넷 방송에 게임 화면과 목소리만 나갔다. 그러다 2013년 8월에 tvN 〈강용석의 고소한 19〉에 출연하게 되었고, 거기서 얼굴뿐 아니라 월 수익까지 공개했다. 아프리카TV 별풍선 수익 100만 원, 유튜브 광고 수익 1,300만 원. 일부 BJ가 돈을 많이 번다는 건 당시에도 잘 알려진 사실이었다.

    별풍선 수익을 노리고 선정적이거나 폭력적인 방송을 하는 몇몇 BJ들이 언론의 뭇매를 맞는 일도 간혹 있었다. 하지만 별풍선 수익에 의존하지 않고, 유튜브 광고 수익으로 월 1,000만 원 이상, 1년에 억대 수익을 올릴 수 있다는 사실을 아는 이는 많지 않았다. 아니, 유튜브에 동영상을 올려 돈을 벌 수 있다는 사실 자체를 다들 몰랐다. 당시 미국에서는 스모쉬Smosh라는 개그 콤비가 2005년부터 유튜브로 총 180억 원에 달하는 수익을 올리고 있었지만, 우리나라에서는 별풍선이 인터넷 방송의 유일한 수입원으로 알려져 있었다. 아프리카TV의 BJ들조차 유튜브 수익 구조에 대해서는 잘 모르고 있었다.

"그래서 요즘은 얼마나 버세요?"

유튜브 수입을 공개한 후로는 인터뷰마다 이 질문이 빠지지 않았다. 그럴 때마다 나는 거리낌 없이 수익을 공개했다. 〈강용석의 고소한 19〉에 출연하고 몇 달 안 돼서 내 월 수익은 2,000만 원을 넘어섰고, 2013년도 연말에는 3,500만 원에 이르렀다. 그리고 지금은 순수 유튜브 수익으로만 월 4,000만 원 이상을 번다. 외부 광고를 포함한 기타 매출은 그 2~4배 정도다.

내가 언론에 수익을 공개하고 다니는 이유

돈 자랑하려고 유튜브 수익을 공개한 건 물론 아니다. 나는 내 수입을 공개함으로써 유튜브가 블루오션이라는 사실을 널리 알리고 싶었다. 만일 내 월 수익이 200만 원 정도였다면 파급 효과가 그리 크지 않았을 것이다. 유튜브로 돈을 벌 수 있다는 사실은 알릴 수 있어도 '그럼 나도 해볼까?' 하는 욕구를 자극하지는 못했으리라. 하지만 내가 월 2,000만 원을 번다고 말하면 상황이 달라진다. "대도서관이 유튜브에 동영상을 올려 그렇게 많은 돈을 번다고? 그럼 대도서관의 10분의 1만 벌어도 월 200만 원이네. 할 만하잖아?" 이런 반응을 기대한 것이다. 그리고 내 예상은 적중했다. 유튜브 동영상을 시청만 하던 사람들, 아프리카TV에서 생방송만 하던 BJ들이 구름처럼 유튜브로 몰려들어 채널을 만들었다. 바야흐로 우리나라에 유튜브 열풍이 불기 시작한 것이다.

만일 내가 부자가 되고 싶었다면 내 수입을 언론에 정직하게 공개하지 않았을 것이다. 당시는 유튜브 개인 수익화 모델이 갓 도입된 때라 세금을 내고 싶어도 낼 방법이 없었다. 그러니 나만 입 다물고 있으면 한 달에 수천만 원을 세금 한 푼 안 내고 고스란히 챙길 수도 있었다.

돈에만 욕심이 있었다면 아마 시작부터 달랐을 것이다. 내가 1인 미디어를 시작한 2010년 당시는 인터넷 방송 이미지가 B급도 못 되는 C급이었다. 건전하게 방송하는 BJ들도 많았지만, 언론은 늘 선정적이고 폭력적인 BJ에 주목했다. 별풍선 수익도 자극적인 방송을 하는 BJ들이 거의 쓸어가다시피 하는 실정이었다. 나는 그들처럼 방송하고 싶지 않았다. 언젠가 국내에 유튜브 개인 수익 모델이 도입되면 인터넷 방송 수익은 후원금이 아니라 광고에서 얻게 되리라고 예상했기 때문이다. 그래서 일단은 돈 한 푼 못 벌더라도 수익 구조가 전혀 없는 다음TV팟에서 대도서관의 가능성을 시험해보기로 했다.

당시 내 다음TV팟 본방송은 최대 인원인 1,000명을 꽉 채웠다.

1,000명을 꽉 채워 방송을 하다 보니 내가 이보다 더 많은 시청자를 끌어모을 수 있을지 문득 궁금해졌다. 그 이상도 가능하지 않을까 하는 기대감도 있었다. 나아가 내 게임 방송은 욕설, 비방이 없어 '유교 방송'으로 불렸는데, 이런 콘셉트를 유지하면서 아프리카TV 생태계에서 살아남을 수 있을지도 시험해보고 싶었다.

아프리카TV에서 성공하려면 네 가지 조건을 충족해야 했다. 자극적인 콘텐츠, 채팅창 매니저, 별풍선 리액션, 다른 BJ와의 합동방송. 그런데 나는 이 네 가지를 다 무시했다. 다음TV팟에서 하던 대로 욕설과 비방이 없는 유교 방송을 계속했다. 그러다 보니 채팅창이 오염되지 않아 굳이 채팅창을 관리하는 매니저를 둘 필요가 없었다. 일부 매니저가 알량한 권력을 휘둘러 오히려 채팅창에서 분란을 일으킨 사례를 더러 전해 들었던 터라 더욱 그랬다.

별풍선을 받으면 "감사합니다." 한마디만 했다. 내 궁극적인 목표는 별풍선 수익이 아니었기 때문에 방송 진행에 지장을 주면서까지 요란하게 리액션을 하거나 별풍선을 쏘라고 독려하고 싶지 않았다. 다른 BJ와의 합동방송은 내키지 않아서 안 했다. 다른 방송을 잘 보지 않아 친한 BJ도 없었고, 누구 덕이 아닌 오롯이 내 스스로의 힘으로 잘되고 싶었다.

당시 내 형편은 말이 아니었다. 다음TV팟은 수익화 기능이 없어서 전혀 수익을 내지 못했다. 퇴직금을 야금야금 갉아먹다가 이마저도 바닥을 드러내자 친척들에게 손을 벌리기도 했다. 그럼

에도 아프리카TV에서 내 방식대로 버틴 것은 돈보다 더 큰 무언
가를 욕심냈기 때문이다. 나는 아프리카TV 생태계에서 전혀 다
른 방식으로 성공하는 첫 번째 BJ가 되고 싶었다. 욕설과 비방이
난무하는 자극적인 콘텐츠를 만들지 않아도 시청자들에게 사랑
받을 수 있음을 증명하고 싶었다. 별풍선을 쏘는 소수 시청자가
아니라 대다수 일반 시청자를 위한 방송을 해도 망하지 않는다
는 걸 보여주고 싶었다.

아프리카TV로 옮긴 첫 날에는 시청자 수가 350명이었다. 다
음TV팟 시청자의 절반에도 못 미치는 숫자였다. 하지만 두 달이
지나자 아프리카TV 베스트 BJ로 선정되면서 동시 접속자 수가
4,000명으로 늘어났다. 이후 매 방송마다 5,000~6,000명 이상이
내 방송을 시청했다. 한꺼번에 1만 명이 접속하는 날도 있었다.
내 방송이 '엄마가 허락한 유일한 인터넷 방송', '헤드폰 안 끼고
봐도 되는 청정 방송'으로 온라인에서 화제를 모으자, 드디어 오
프라인에서도 대도서관을 궁금해하기 시작했다.

어떻게 내 분야의 판을 키울 것인가, 그것이 문제로다

나를 인터뷰하고 싶다는 매체는 거의 다 만난 것 같다. 밤에 생
방송을 하려면 낮에 잘 쉬어야 했지만, 인터뷰를 요청하는 전화
가 오면 거절하지 않았다. 강연 요청에도 응했다. 밤에 아프리카

TV에서 생방송을 하고, 새벽에 유튜브에 올릴 영상을 편집하고, 잠깐 쪽잠을 자고 일어나서는 인터뷰와 강연을 하고, 밤에 다시 생방송을 했다. 그야말로 강행군이었다.

그런데도 인터뷰나 강연 요청을 거절하지 않았던 건 1인 미디어에 대해 할 말이 많았기 때문이다. 음지에 있는 1인 미디어 시장을 양지로 끌어올리려면 내 방송만 잘하는 걸로는 부족했다. 1인 미디어에 자극적인 콘텐츠만 있는 건 아니며 누구나 즐길 만한 대중적인 콘텐츠도 많다는 걸 언론에 알릴 필요가 있었다. 또 미래 산업에서 1인 미디어가 얼마나 중요한 분야인지, 그러려면 어떤 정책 지원이 필요한지 관련 기관과 단체를 설득해야 했다.

EBS 〈대도서관 잡쇼〉도 1인 미디어의 저변을 넓히는 기회라는 이유로 승낙한 일이다. 단순히 프로그램 진행자 역할만 주어졌다면 시작도 하지 않았을 것이다. 어떤 프로그램을 어떻게 만들지 백지 상태에서 시작할 뿐만 아니라, 기획 단계부터 함께 하는 일이라 흥미를 느꼈다. 앞으로 인터넷 방송도 높은 완성도를 지향해야 할 텐데 이를 시험하기에 좋은 기회라고 생각했다. 취업 관련 내용으로 하자는 제안도 내가 먼저 했다. 내 시청자 대부분이 17~30세인데, 그들의 가장 큰 고민이 취업이었기 때문이다.

〈대도서관 잡쇼〉에 출연한 걸 두고 공중파에 진출해 연예인이 되려는 거냐고 묻는 사람도 있었다. 1인 크리에이터라면 누구나 동의하겠지만, 우리는 연예인이 되고 싶지 않다. 엄밀히 말하면 연예인은 연기자고 1인 크리에이터는 기획자다. 분야 자체가 아예 다르다. 물론 1인 크리에이터도 연기를 하거나 팬덤을 형성할 수는 있지만 기획자라는 정체성만은 결코 흔들려서는 안 된다.

CJ에서 국내 최초로 MCN을 만들 때도 나는 MCN은 연예기획사와는 달라야 한다고 누누이 강조했다. 1인 크리에이터를 억지로 키우려 하지 말고, 개성과 창조적 역량을 최대한 보장하는 형태로 가야 한다고. 이런 차이를 알아야 1인 미디어 광고 시장도 제대로 이해할 수 있다. 연예인은 광고 모델이지만, 1인 크리에이터는 광고 기획자다. 광고주의 가이드라인은 존중하되 우리 개성에 맞는 창작력을 결합시키는 것이다. 초창기에는 MCN도 광고주도 1인 미디어의 특성을 잘 이해하지 못해 난항을 겪었다.

어떻게 광고를 찍을 것인가 못지않게 어떤 광고를 할 것인가도 중요하다. 나는 1인 미디어일수록 대기업 광고가 필요하다고 CJ E&M을 설득했다. 1인 미디어도 다른 매체처럼 광고가 주요 수익원이므로 이는 매우 중요한 문제다.

하지만 나는 방송 초창기부터 음란물과 도박 관련 광고는 단칼에 거절했다. 광고 규모와 수준이 매체 영향력을 대변한다. 1인 미디어가 저급한 광고를 달기 시작하면 영원히 음지에만 머물 수밖에 없다. 대기업 광고를 잡아야 1인 미디어 산업 자체가 활성화한다. CJ E&M이 이런 나의 생각에 동의하고, 대형 광고 수주에 적극 나서면서 1인 미디어 광고 시장이 크게 발전했다. 1인 크리에이터들이 워낙 개성이 강해서 광고주 입장에서는 기대 반, 우려 반일 수 있는데, 대기업인 CJ가 중간에서 안정감 있게 잘 조율한다. 덕분에 MCN 후발주자인 우리나라가 1인 미디어 광고 시장에서는 세계 어느 나라보다 앞서가고 있다.

정말 중요한 것은 경제력이 아니라 영향력이다

우리나라 1인 미디어 시장은 빠른 속도로 진화·발전하고 있다. 2017년에 고척 스카이돔에서 열린 '다이아 페스티벌 2017' 행사만 해도 약 4만 명의 관람객을 끌어모았다. 1인 크리에이터도 많아지고 있지만, 무엇보다 인터넷 방송 소비자가 빠르게 확산하고 있다는 증거다.

이제 인터넷 방송 소비자에서 창작자가 되어보라고 권하고 싶다. 요즘 초중고 학생들의 장래 희망 1위가 1인 크리에이터라고 한다. 그 소리를 들으면 아마 40~50대 학부모들은 "1인 크리에이터? 그게 뭔데?" 할 거다. "인터넷 방송하는 사람이라고? 간장 들이마시고 야밤에 폭주하면서 생방송하는 사람들 말이니? 네가 그걸 한다고?" 하는 부모도 있을 것이다.

1인 미디어를 바라보는 시각이 많이 개선되었지만, B급 문화로 인식하는 시선은 여전히 존재한다. 1인 미디어 시장이 커질수록 선정적이고 폭력적인 방송에 대한 우려도 커지고 있다. 1인 크리에이터가 유튜브로 1년에 억대 수익을 올리고 있다는 기사가 실리면 다음 날에는 선정적인 인터넷 방송을 규제해야 한다는 칼

럼이 뒤따라 실리는 식이다.

이게 바로 내가 부자보다 영향력 있는 사람이 되길 원하는 이유다. 내가 돈만 벌고 싶었다면 시청자 후원금을 조금이라도 더 받기 위해 안달복달했을 것이다. 내 수입을 일일이 공개하지도 않았을 테고, 돈 안 되는 공중파 출연이나 인터뷰, 강연도 하지 않았을 것이다. 광고도 들어오는 대로 받고, 싣고, 찍었을 것이다. 내가 그렇게 하지 않은 이유는 우리나라 1인 미디어 첫 세대로서 책임감을 느끼기 때문이다.

1인 크리에이터의 이상적인 모델을 만들어보자는 생각도 있었다. 광란의 폭주를 생중계하지 않아도 1인 미디어로 성공할 수 있다는 걸, 별풍선에 연연하지 않아도 억대 수익을 올릴 수 있다는 걸 누군가는 증명하고 알려야 했다. 그리고 감사하게도 내게 그럴 기회가 왔다.

나는 더 많은 사람들이 유튜브 채널을 만들어 자기 일상과 아이디어를 공유하길 바란다. 동영상을 제작하고 업로드하는 과정에서 성취감을 느끼고, 타인과의 유대감을 느껴보길 바란다. 이런 사람들이 많아질수록 광고 업계가 유튜브를 주목할 것이다. 그러면 유튜브로 좋은 광고가 많이 유입될 테고, 유튜브 생태계는 건강하고 활기차게 성장할 것이다. 이런 선순환 구조는 나 한 사람만 잘한다고 만들어지는 것이 아니다. 시작은 한 사람이 할지 몰라도 결국 모두가 함께 만들어가야 하는 일이다.

누군가는 유튜브가 이미 레드오션이라고 말한다. 생방송은 그런 면이 있다. 동시간대에 한 시청자는 오로지 한 채널만 볼 수 있다. 하지만 편집 방송은 그렇지 않다. 내가 허니버터칩을 먹는 동영상을 만들어 올리면 시청자는 이 동영상 하나만 소비하는 게 아니다. 내가 다른 스낵을 먹는 동영상도 본다. 뿐만 아니라 다른 유튜버의 허니버터칩 동영상도 찾아서 본다. 동영상 하나가 꼬리에 꼬리를 물고 다른 동영상으로 이어진다.

어떤 분야든 마찬가지다. 순전히 경쟁적이기만 한 집단은 없다. 한강 작가가 《채식주의자》로 맨부커상을 받자 내리막길을 걷던 한국 문학계가 간만에 활기를 되찾았다. 독자의 관심이 한강 작가뿐 아니라 한국 문학 전반으로 넓어졌기 때문이다.

〈심슨 가족〉The Simpsons 시리즈의 작가, 조지 마이어George Meyer가 드라마 대본을 쓰는 일은 제로섬 게임이 아니라고 말한 것도 같은 맥락이다. "작가 하나가 파일럿 프로그램에 채용되었다거나 프로그램 하나가 시리즈로 제작된다는 소문이 들려온다면 그건 아주 좋은 일이다. 코미디가 잘 팔린다는 뜻이니까."

나도 1인 미디어 시장을 제로섬 게임이라고 생각하지 않는다. 세상 모든 1인 크리에이터들이 내 동반자다. 1인 미디어 시장을 키우고 함께 성장할 동반자. 그럴 사람이라면 나는 누구라도 응원한다. 지금도 좋은 크리에이터가 많지만, 앞으로도 평판 좋고 유쾌하고 잘나가는 1인 크리에이터가 더 많아지면 좋겠다. 내 이웃이 잘 되면 나도 잘 되는 멋진 세계, 어쩌면 우린 이미 그런 곳에 살고 있는지도 모른다.

투자,
나를 성장시키고
나의 가치를 확대하라

   내가 수입을 하도 여기저기 공개하고 다녀서, 자기 형제자매 연봉은 몰라도 대도서관이 얼마 버는지는 다들 아는 것 같다. 수입 공개는 자극적인 방송을 하지 않아도 나만큼 벌 수 있다는 걸 알리려고 시작한 일이다. 요즘도 인터뷰 때마다 얼마 버느냐는 질문이 빠지지 않아서 인터뷰를 앞두고는 지난 달 수익 내역을 꼼꼼히 확인해보곤 한다.

   누군가 내게 돈을 잘 버느냐고 물으면 대답은 "예스."다. 그런데 "그러면 당신은 부자입니까?"라고 물으면 "노."라고 대답해야 할 것 같다. 돈을 흥청망청 쓰는 건 아니다. 가끔 비싼 옷이나 신발을 살 때도 있지만, 쇼핑하기 귀찮으니 좋은 걸 사서 오래 쓰자는 마음이지 명품에는 욕심이 없다. 술도 거의 안 마신다. 친구들을 만나야 술도 마시고 유흥도 즐길 텐데, 친구들이 한창 모일 시간에 생방송을 해야 하니 그럴 기회도 없다. 여행은 좋아하지만, 이동 시간을 지루해한다. 때문에 여행 같은 '직접 경험'보다 영화나 책을 통한 '간접 경험'을 더 좋아하는 편이다. 이렇게 나열하고 보니 인생을 무지 재미없게 사는 것 같지만, 일할 때가 제일 행복하니 나로서는 불만이 없다.

이처럼 특출나게 소비하는 곳이 있는 것도 아닌데, 딱히 모아둔 돈이 없는 이유는 무엇일까. 버는 돈 대부분을 투자하기 때문이다. 주식이나 건물이 아니라 1인 미디어 분야에 투자한다.

엉클대도가 신의 직장? 이게 정상적인 직장!

2015년 7월, 아내인 윰댕 님과 함께 '엉클대도'라는 법인을 만들었다. '엉클'이라는 단어가 친근한 느낌을 주기도 하고, 내 주 시청자인 17~30세에게는 내가 삼촌뻘이기도 해서 선택한 사명이다. 일부 기사에서는 후배 양성을 위한 회사라고 보도했지만, 다른 크리에이터를 영입할 계획은 전혀 없다. 대도서관과 윰댕, 두 크리에이터를 지원하는 데만 목적이 있다. 앞으로 키즈, 푸드, 엔터테인먼트 등 다양한 채널을 오픈할 예정이라 편집이나 SNS 홍보 등을 전문적으로 맡아줄 제작진이 필요했다. 향후 글로벌 공략과 다양한 사업 확장을 위한 전초기지를 만든다는 생각도 있었다.

그리고 무엇보다 디지털 콘텐츠 전문 인력을 고용해 그들을 지원하고자 하는 마음이 컸다. 단순히 나와 융댕 님을 도와줄 일손을 찾는 것이었다면 법인까지 만들어 정직원을 고용할 이유는 없었다. 외주 인력을 쓰는 것이 비용 면에서는 더 효율적이었을 테니 말이다. 그러나 내가 1인 미디어 분야에 작게나마 기여하려면 효율만 따질 것이 아니라 콘텐츠 전문 인력을 양성하는 데 투자해야 한다고 생각했다. 1인 미디어에 관심 있는 젊은이들을 지원·양성하고, 결국에는 그들과 함께 성장하는 것이 나의 목표다.

그러려면 무엇보다 직원 복지에 신경을 써야 한다. 한창 1인 미디어 분야로 신규 인력이 모여드는 이때, 직원 대우와 복지에 신경 쓰지 않으면 좋은 인력을 확보할 수 없다. 젊은이들에게 '열정 페이'를 강요하는 것은 윤리적으로도 지탄받을 일이지만, 1인 미디어 전반을 B급 업종으로 떨어뜨리는 지름길이다. 특히 시청자 성원으로 성장한 크리에이터가 어쩌면 내 시청자일지도 모를 젊은이들을 '값싼 노동력'으로만 봐서는 안 된다.

얼마 전 엉클대도에서 신규 영상 편집자를 채용했다. 정규직(3개월 수습기간), 4대 보험 가입, 근로기준법에 따른 휴가 및 연차 보장, 주 5일 40시간 탄력 근무제, 생일 상여금 100만 원 지급, 이외 다양한 복지 혜택 제공, 연봉은 면접 후 협상.

채용 광고가 나가자마자 뜨거운 반응이 쏟아졌다. 유튜브에 올린 채용 공고 영상의 조회 수가 50만, 댓글 문의는 1,500회가 넘었으며, 최종 지원자가 무려 250명에 달했다. 애초 두 명만 채용하려는 계획이었으니(실제로는 네 명을 채용했지만) 경쟁률이 125 대 1이었던 셈이다.

엉클대도 설립 초반에는 사무실을 마련하지 않았다. 업무 특성상 꼭 출근할 필요가 없었기 때문이다. 시간·공간의 구애 없이 자유로이 일하는 편이 직원들에게도 좋을 줄 알았다.

그런데 엉뚱한 문제가 생겼다. 직원들이 부모님과 가족들에게 의심의 눈길을 받기 시작한 것이다. 하기는 몇 달째 출근은 안 하고, 허구한 날 방에 틀어박혀 게임 영상이나 보고 있으니 '과연 얘가 취업을 하긴 했나' 하는 의심을 받을 만도 했을 것이다. 게다가 '시공간의 구애 없이 일한다'는 것도 철저한 자기 관리가 없으면 불가능한 일이라, 조금만 느슨해지면 막판에 밀린 일을 하느라 폐인처럼 된다는 직원들의 하소연도 있었다. 마침 직원들 수가 늘기도 했던 터라 방구석에서 모니터만 들여다볼 직원들에게 상쾌한 바깥공기도 쐬어줄 겸 사무실을 장만하게 되었다.

출퇴근 시간이 따로 정해진 건 아니다. 하루 8시간 근무 시간만 채우면 된다. 어쩌다 8시간 이상 일하는 날이 있으면 다음 날은 무조건 그만큼 일찍 퇴근하게 한다. 오래 앉아 있다고 일 잘하는 것도 아니고, 오히려 업무 능률만 떨어질 뿐이라는 걸 잘 알기 때문이다. 시청자에게 즐거움과 유쾌함을 전달할 대도서관TV 직원들이 야근과 격무에 시달린다는 건 말도 안 된다.

장비나 프로그램은 직원들 요청이 있을 때마다 그때그때 바로 구입한다. 직원들이 더 쾌적하고 효율적으로 일할 수 있다면 장비 구입비용은 전혀 아깝지 않다. 우리 회사는 회식도 잘 안 한다. 회식할 시간에 각자 문화생활 즐기고 데이트하는 편이 사기 진작에 훨씬 좋다고 생각하기 때문이다. 간혹 회식을 할 때면 맛집을 찾아다니며 좋은 음식을 먹는다. 직원들이나 크리에이터나 술 좋아하는 사람이 없어서 회식 분위기는 늘 깔끔하다.

나는 엉클대도가 최대한 자유로운 회사가 되었으면 좋겠다. 근무 태도나 결과물이 엉망이어도 된다는 뜻은 물론 아니다. 직원들이 편안하고 쾌적한 환경에서 누구의 눈치도 보지 않고, 자기 창의력을 마음껏 발휘하며 즐겁게 일했으면 좋겠다는 뜻이다. 편집자가 즐겁게 편집해야 시청자도 즐겁게 볼 수 있을 테니까.

2018년, 엉클대도 총 직원 수는 열 명이 되었다. 아직 작은 회사지만 올해 큰 변화가 생겼다. 바로 회사의 경영을 맡길 전문가를 영입한 일이다. 유튜브 재팬에서 유튜브 광고 프로덕트 스페셜리스트를 거쳐 톱 크리에이터 파트너십을 관리했고, 프랑스 인사이드INSEAD MBA에서 경영을 전공한 그야말로 우리 회사에 꼭 필요한 사람이었다.

그가 도쿄에 있을 때부터 일로만 알고 지냈는데, 한국을 그리워하기에 그 기회를 놓치지 않았다. 우리 회사의 비전을 설명하고 거의 훔치듯 모셔왔다. 그가 구글을 그만두고 엉클대도로 이직한 일은 업계에 잔잔한 파장을 주기도 했다. 나보다 나이가 몇 살 더 많은데 본인은 이 일이 훨씬 재미있어 보여서 왔다며, 아이처럼 신나했다. 그 모습을 보니 역시 우리 회사와 딱 맞는 사람이었다.

그동안 아내와 함께 회사 경영까지 맡으며 활동하느라 피로가 누적되어 과부하에 걸렸었는데, 이제는 크리에이터 활동에만 집중할 수 있게 됐다. 그리고 앞으로 더 큰 회사로 발돋움해 더 많은 직원들과 함께할 수도 있을 것이다. 무엇보다 현재 직원들이 그를 통해 더 많은 것을 배우고 케어를 받으며, 한 명 한 명 1인 미디어 전문가로 성장하는 모습을 보면서 엉클대도란 회사의 무한한 가능성을 느낀다.

더 높이 도약하려면 지금 밟고 선 땅부터 다져라

나는 유튜브 광고 수익도 상당하지만, 외부 광고 수익도 꽤 많다. 외부 광고란 광고주가 크리에이터에게 광고 한 편의 제작을 통째로 맡기는 것이다. 쉽게 말해 광고 회사 직원 수십 명이 달라붙어 할 일을 크리에이터 한 사람에게 맡기는 거라고 보면 된다. 이 경우 크리에이터는 연예인처럼 모델로서 광고에 출연만 하는 것이 아니라 기획, 출연, 촬영, 편집, 유통 등 전 과정을 책임져야 한다. 그래서 연예인은 광고 모델료를 받지만, 크리에이터는 모델료와 광고 제작비를 함께 받는 느낌이다.

TV나 지면 광고와 달리 1인 크리에이터 광고는 저렴하고 빠르게, 하지만 친근하고 기발하게 만드는 것이 포인트다. TV 광고는 영상미와 완성도는 뛰어나지만 식상한 느낌을 주고, 1인 크리에이터 광고는 친근하고 흥미롭지만 완성도는 떨어진다. 나는 기존 광고와 1인 크리에이터 광고의 장단점 사이에서 늘 아슬아슬한 균형을 모색한다. 기존 광고의 완성도와 1인 크리에이터 광고의 친근함과 신선함, 이 둘을 모두 충족하는 광고를 만드는 것이 나의 목표다. 그래서 모델료가 줄더라도 제작비를 더 써서 적당한 선을 찾으려 노력한다.

돈 많이 들여서 잘 만드는 건 차라리 쉬운 일이다. 그건 누구라도 할 수 있다. 적정한 제작비 내에서 최대의 효과를 창출하는 것이 1인 크리에이터의 능력이다. 그런 의미에서 나는 끊임없이 내 한계를 시험하고 있다.

내가 광고 완성도에 신경을 쓰는 이유는 그래야 대기업 광고를 수주할 수 있기 때문이다. 매체의 영향력은 광고 규모로 알 수 있다. 대기업 광고를 수주해야 1인 미디어의 영향력이 더 커진다. 물론 대기업 광고주 입장에서는 1인 크리에이터에게 광고를 맡긴다는 것이 대단한 모험일 수 있다. 1인 크리에이터에게 맡기면 기발한 광고가 나올 순 있어도 자칫 기업 품위가 떨어지는 리스크가 있다고 생각한다. 이 우려를 잠재우려면 크리에이터도 완성도 있는 광고를 만들 수 있다는 사실을 입증해야 한다.

특히 나는 외부 광고를 제작한 첫 세대로서 막중한 책임감을 느낀다. 내가 잘해야 다른 크리에이터도 잘 된다는 사실을 늘 잊지 않으려고 노력한다. 실제로 CJ E&M에서 대기업 광고를 수주할 때 내 사례가 큰 도움이 된다는 이야기를 들었다. 1인 크리에이터에게 광고를 맡겨도 될지 반신반의하던 광고주가, 내가 제작한 광고의 질을 확인하고는 안심했다는 이야기를 들으면 큰 보람을 느낀다.

어떻게 하면 광고 제작비를 아낄까, 어떻게 하면 인건비를 아낄까, 이런 궁리를 해본 적은 한 번도 없다. 내 야심이 제작비와 인건비를 아껴 쌈짓돈을 챙기는 것보다 훨씬 더 크기 때문이다. 1인 미디어 저변 확대에 내 투자가 조금이라도 도움이 된다면 좋겠다. 더 좋은 사람들, 더 능력 있는 사람들이 1인 미디어 일자리로 몰려들었으면 좋겠고, 더 큰 광고 시장이 1인 미디어를 향해 열렸으면 좋겠다. 1인 미디어에 대한 신뢰가 더 견고해지고, 관심이 더 커질 수 있다면 나는 앞으로도 투자를 아끼지 않을 것이다.

내가 남들만을 위해 이러는 것은 아니다. 이런 투자가 미래의 대도서관이 벌일 모험의 기반이 될 거라고 믿기 때문이다. 더 높이 도약하기 위해 지금은 내가 밟고 선 이 땅을 더 단단하게 다져야만 한다.

협업,
새로운 업의 방식,
새로운 일자리가 기다린다

    요즘은 문화계 여러 영역에서 협업이 대세다. 웹툰은 스토리 작가와 작화 작가, 디지털 플랫폼 편집자가 팀을 이루어 2인 3각 경기하듯 만들어지는 경우가 많다. 드라마 대본도 여러 작가가 함께 쓴다. 해외에는 드라마 한 시즌을 만들기 위해 열 명이 넘는 작가가 공동 작업을 한다.

    1인 미디어도 마찬가지다. '1인 미디어'라는 이름 때문에 모든 과정을 혼자서 해내야 할 것 같지만 그렇지 않다. 혼자 만들든, 여럿이 만들든 1인 브랜드, 1인 미디어로서 정체성만 흔들리지 않으면 상관없다. 내 경우는 기획, 출연, 연출, 대본을 직접 맡고, 영상 편집과 촬영, 세부 기획 등은 엉클대도 직원들의 도움을 받고 있다. 하지만 이것은 어디까지나 내 사례이고, 크리에이터 역량에 따라 역할 분담은 얼마든지 달라질 수 있다. 편집 방송이라면 크리에이터 본인은 기획만 하고 출연은 다른 사람에게 맡겨도 된다. 관찰예능이나 실험 등을 표방하는 채널에서 종종 이렇게 한다. 생방송이라면 본인이 반드시 출연해야겠지만, 대신 조명이나 세팅 등은 도움을 받을 수도 있다.

혼자 하든 여럿이 하든 채널 정체성만 확실하면 1인 미디어

1인 미디어 협업의 좋은 사례가 있다. 미국 〈아메리카 갓 탤런트〉America's Got Talent에서 바이올린을 켜면서 춤을 추는 퍼포먼스를 선보인 린지 스털링Lindsey stirling은 심사위원들에게 지독한 혹평을 받았지만, 지금은 유튜버로 유명해져 음반을 내고 해외 공연을 다닐 정도다. 뮤직 비디오를 전문적으로 제작하는 다른 유튜브 제작자와 협업을 한 동영상이 유튜브에서 화제를 모았기 때문이다.

ERBEpic RAP Battles of History는 역사 속 인물들이 랩 배틀을 펼치는 영상을 제작해 유튜브에 업로드한다. 이들은 다른 음악 유튜버들과 협업해서 영상을 제작한다. 본인들이 기획과 제작을 맡고, 전문 출연자를 섭외하여 성공한 경우라 할 수 있다.

물론 1인 미디어는 혼자서 일할 때 비로소 장점이 뚜렷하게 드러나는 매체다. 혼자 일하는 1인 미디어의 가장 큰 장점은 저렴한 비용으로 콘텐츠를 생산할 수 있다는 점이다. 제작비용은 1인 미디어 초보자에게는 아주 중요한 문제다. 제작비가 낮아야 쉽게 도전하고, 지속적으로 콘텐츠를 만들 수 있기 때문이다. 혼자서 모든 것을 결정하기 때문에 기획과 수정이 빠르다는 것도 장점이다.

무엇보다 나는 제작 전 과정을 혼자서 해보는 경험이 꼭 필요하다고 생각한다. 특히 편집을 직접 해보는 것은 1인 미디어 초보자에게 좋은 훈련이다. 편집 과정을 통해 자신의 기획과 방송 진행 능력을 객관적으로 점검할 수 있기 때문이다.

나도 한동안 밤에는 생방송, 이튿날 아침에는 유튜브 영상 편집, 오후에는 외부 스케줄, 또 밤에는 생방송… 이런 식의 살인적인 일정을 혼자서 소화한 때가 있었다. 내가 이렇게까지 무리한 이유는 "대도서관처럼 돈 잘 벌려면 스태프 여럿 두고 일해야 한다."는 오해가 생기는 게 싫어서였다.

당시는 내가 유튜브 광고 수익을 공개하면서 사람들 관심이 유튜브로 막 몰리기 시작한 때였다. 이런 중요한 시기에 괜한 오해로 사람들 발길을 주춤거리게 하고 싶지 않았다. 처음에는 누구라도 혼자서 부담 없이 시작할 수 있다는 사실을 사람들이 알아주었으면 했다.

한동안은 잘 버텼지만, 곧 한계상황이 오고야 말았다. 윰댕 님이 보다 못해 외부 편집자 도움을 받아보자고 제안했다. 나도 더는 고집을 피우지 않기로 했다. 내가 더 버티면 이번에는 '1인 미디어는 무조건 혼자 해야 한다'는 오해를 줄 수도 있겠다는 생각이 들었기 때문이다.

활짝 열린 제작 크리에이터의 시대

내가 엉클대도를 설립한 것처럼 요즘은 전문 편집자를 고용하고 회사를 차리는 크리에이터들이 많아졌다. 1인 크리에이터를 도와 편집이나 제작 과정을 돕는 사람들을 '제작 크리에이터'라고 한다. 1인 미디어 시장이 성장하면서 이제는 크리에이터 못지않게 제작 크리에이터도 주목받는 직업이 되었다.

1. 편집자

가장 각광받는 제작 크리에이터는 바로 편집자다. 촬영 영상을 길이에 맞게 편집하고, 배경음악이나 CG, 자막 등을 효과적으로 배치해 재미를 배가시키는 일을 한다. 언뜻 생각하면 동영상 편집 기술만 있으면 될 것 같지만, 전혀 그렇지 않다. 내가 초보 크리에이터는 반드시 자기 손으로 편집을 해봐야 한다고 조언했던 것과 같은 이유다.

편집을 잘 하려면 기획력이 있어야 한다. 1인 미디어는 스피드가 생명이라 영화처럼 오랜 시간 공을 들여 편집할 수 없다. 편집자 감에 따라 순간순간 '아, 이 구간은 이렇게 살리는 게 재미있겠구나!', '이건 무조건 잘라내야 한다'는 판단을 해야 한다. 바로 이런 이유로 때로는 편집자가 죽은 기획을 되살리기도 하고, 때로는 좋은 기획을 다 망쳐버리기도 한다.

편집자 역할이 이렇게 크기 때문에 크리에이터들은 매우 신중하게 편집자를 고른다. 그리고 나처럼 대개는 자신의 팬을 편집자로 고용한다. 크리에이터의 매력과 콘텐츠의 본질을 누구보다 잘 이해하는 사람이 팬이기 때문이다. 물론 자신의 기획력을 실제로 구현할 편집 기술까지 갖추고 있다면 금상첨화다. 유튜브 동영상은 단번에 눈길을 사로잡는 것이 중요한 만큼 제목이나 섬네일 만드는 센스가 좋은 편집자도 환영받는다.

2. 촬영자

1인 미디어에서 촬영자는, 크리에이터가 내부나 외부 영상을 촬영하는 과정에서 촬영뿐 아니라 조명 등을 비롯해 촬영 전반에 걸쳐 관여한다. 큰 규모의 촬영을 할 때는 촬영 스태프가 많아 분업할 수 있지만 보통은 소규모로 단순하게 이뤄지기 때문에 카메라를 고정해두고, 여러 대를 한 명이 관리하는 경우가 많다. 그뿐 아니라 야외 촬영도 많아서 1인 미디어에서도 촬영자는 전문성을 갖춘 사람이 유리하다. 더군다나 〈1박2일〉의 나영석 PD처럼 적극적으로 영상에 출연하는 경우도 많고, 이것이 생각보다 중요하다. 크리에이터가 촬영하면서 놓치는 부분을 짚어주고 더 좋은 장면이 만들어지도록 적극적으로 행동을 유도하는 등 연출가 및 기획자 역할도 일부 하게 된다. 좋은 1인 미디어 촬영자를 만나면 영상에서 느껴지는 텐션부터 달라질 정도로, 촬영자의 역할은 중요하다.

3. 작가

나는 따로 작가를 고용하고 있진 않지만, 앞으로는 1인 미디어에서 작가 역할이 매우 중요해질 거라고 생각한다. '작가'라고 해서 뛰어난 글 솜씨가 필요한 건 아니다. 오히려 구성력과 기획 능력이 더 요구된다. 예능 작가들이 대본만 쓰는 게 아니라 기획과 구성, 섭외에도 관여하는 것처럼 1인 미디어 작가도 크리에이터를 도와 기획 전반을 함께 진행한다. 촬영 현장에서는 연출자가 따로 있더라도 작가가 적극 개입하여 촬영 방향을 점검하고 연출자를 지원한다.

특히 크리에이터가 기획력은 탁월한데 전문성이 부족한 경우에 작가의 역할이 커진다. 크리에이터 대신 관련 분야의 전문지식을 취합해서 크리에이터의 기획을 보강한다.

사실 1인 미디어 작가는 대본을 쓰는 부담은 거의 없다고 보면 된다. 1인 미디어는 애드리브와 즉흥성이 더 중요한 매체이기 때문이다. 특히나 생방송은 3~4시간 동안 시청자와 소통해야 하므로 대본이 전혀 필요하지 않다.

4. 연출자

기획력이 뛰어난 사람이 작가를 기용해 전문성을 보강할 수 있다면, 전문성이 뛰어난 사람은 연출자를 기용해 기획력을 보강할 수 있다. 시청자 취향이 세분화될수록 1인 미디어 시장에서 다루는 영역도 더 전문화될 수밖에 없다. 그래서 전문직 종사자나 덕후처럼 어떤 한 분야에 전문성이 있는 사람이 크리에이터로 진출하면 훨씬 유리하다. 문제는 자기 전문 분야를 가볍고 쉽게 전달하기가 쉽지 않다는 데 있다. 바로 이럴 때 크리에이터의 전문성을 대중적이고 친근하게 풀어낼 전문 연출자가 필요하다.

5. 매니저

연예인 매니저처럼 운전이나 스케줄 조정 등을 맡는다. 내 경우에는 따로 매니저를 두고 있지 않다.

지금까지 제작 크리에이터에 대해 간략하게 살펴봤다. 기존 미디어에서 편집자, 작가, 연출자 등으로 일한 경험이 있으면 더 유리할 것 같지만, 그렇지도 않다. 해당 분야의 전문 기술보다는 1인 미디어 감수성이 더 중요하기 때문이다. 기존 미디어 경력자는 기술은 더 뛰어날지 몰라도 수십 명과 함께 일하는 문화에 익숙해 1인 미디어 특유의 스피드에 적응하지 못하는 경우가 많다.

엉클대도 신규 직원을 채용할 때 용댕 님과 나는 서류전형에 통과한 지원자 스무 명을 각각 1시간씩 면담했다. 우리의 채용 기준은 '능력보다는 성격'이었다. 기존 직원과 잘 어우러져 팀워크를 발휘할 수 있는지를 가장 중점적으로 살폈다. 두 번째로는

1인 미디어 감수성, 즉 센스가 있는지를 보았다. 지원자가 제출한 포트폴리오와 면담 태도 등을 종합하면 1인 미디어에 적합한 센스의 소유자인지 아닌지가 대강 보인다.

만일 제작 크리에이터가 되고자 한다면 자신이 지원할 채널에 대해 철저하게 분석해야 한다. 크리에이터 대부분이 주로 자기 팬과 일하는 만큼 해당 채널에 대해 잘 알아야 채용 가능성이 높아진다. 그 채널에 '팬심'까지는 아니어도 호감은 보여야 하고, 제작 크리에이터로서 채널에 어떻게 기여할지 피력하는 것이 좋다.

제작 크리에이터는 굉장히 유망하고, 도전할 만한 가치가 충분히 있는 분야다. 지금도 인력이 부족하고 앞으로는 더욱 그럴 것이다. 근무 조건이나 대우도 점점 좋아지고 있다. 무엇보다 자기가 좋아하는 크리에이터를 도와 함께 일할 수 있다는 점이 매력이다. 나이, 학벌, 경력과 관계없이 누구라도 도전할 수 있으니 용기를 내보자!

크리에이터의 새로운 파트너, MCN

연예인에게 연예기획사가 있다면 크리에이터에게는 MCN이 있다. MCN은 크리에이터의 마케팅, 저작권 관리, 콘텐츠 기획 및 유통, 교육, 수익 관리 등을 지원하고 이를 통해 수익을 거두는 미디어 사업자다.

대표적인 사업체가 바로 내가 소속한 CJ E&M이다. CJ에서 국내 최초로 MCN을 만든다며 내게 연락을 해왔을 때, 마침 나도 세금이나 저작권 문제를 해결할 통로가 없어 답답함을 느끼던 차였다. 유튜브 광고 수익은 늘어만 가는데, 세금을 내고 싶어도 낼 방법이 없었다. 당장은 세금을 안 내 좋다고 할 수도 있지만, 세금도 안 내는 직종이 어엿한 직업으로 인정받거나 정부의 정책 지원을 받길 기대할 수는 없다.

저작권 문제도 마찬가지다. 영상 제작에 필요한 음악의 저작권을 사고 싶어도 1인 미디어는 마땅한 구매 채널이 없다. 크리에이터를 대신해 이런 문제를 해결할 MCN이 필요했고, MCN 국내 모델을 만드는 데 보탬도 되고 싶어 CJ의 제안을 수락했다.

MCN에 가입하면 크리에이터의 수익 일부를 수수료로 지불하는 대신 세금이나 저작권 사용 문제를 해결할 수 있고, 본인의 콘텐츠 저작권도 보호받을 수 있다. 또한 MCN 연계 업체에서 광고를 받거나 협찬을 받기도 쉽다.

국내 MCN 시장은 춘추전국 시대라 할 만큼 경쟁이 치열하다. 국내 MCN의 장단점을 일일이 비교하기는 어렵지만, 내가 CJ E&M을 선택한 이유를 설명하면 MCN을 보는 기준이 조금은 선명해지리라 생각한다.

첫째, CJ E&M은 신인 크리에이터를 키워 함께 성장하려는 목표를 갖고 있다. 초창기 일부 MCN은 수수료를 받지 않겠다는 파격 조건을 내걸고 잘나가는 크리에이터를 영입하는 데만 열을 올렸다. 유명 크리에이터를 영입하면 투자를 받기 쉬울 뿐 아니라 최종적으로는 비싼 가격에 회사를 팔아버릴 수 있으리라 기대한 것이다.

지난 2014년 메이커 스튜디오라는 MCN 회사가 디즈니에 6억 7,500만 달러(약 7,500억 원)에 인수된 것처럼 자기들도 이런 인수합병으로 수익을 창출하려는 속셈이었다. 이런 회사들이 신인 크리에이터 개발과 육성에 관심을 가질 리는 만무하다. 반면 CJ E&M은 이미 잘나가는 채널에 주목하는 것이 아니라 성장 가능성이 있는 채널을 발견하고 육성함으로써 더 큰 수익을 올리겠다는 장기 플랜을 갖고 있다.

둘째, CJ의 광고사업본부에서 1인 미디어 광고까지 수주한다. 1인 미디어 시장에 대기업 광고가 들어오기 시작한 데는 CJ의 공이 크다.

셋째, CJ에서 일부 음악과 폰트 저작권을 보유하고 있어 저작권료 걱정 없이 사용할 수 있다. 크리에이터가 원하기만 하면 CJ 소속 연예인과의 콜라보레이션도 적극 지원해준다.

MCN에서 크리에이터의 가능성을 보고 스카우트 제의를 하기도 하지만, 크리에이터가 MCN 측에 가입 신청을 할 수도 있다. 가입 신청은 대개 각 회사 홈페이지에서 받고 있다. 가입 승인 기준은 회사마다 다르지만, CJ E&M의 경우는 이미 많은 구독자 수를 확보한 채널보다 기획력 있고 가능성 있는 채널을 찾는 것으로 알고 있다.

공략,

우리 앞에 열릴 새로운 세상을

어떻게 맞을 것인가

이제 막 크리에이터에 도전하는 신인에게 가장 필요한 자질은 무엇일까? 바로 글로벌 능력이다. 내가 유튜브 플랫폼을 이용하기 시작하면서 가장 뼈저리게 느낀 것은 한국이라는 시장이 정말 좁다는 사실이었다. 일단 광고 단가부터가 다르다. 일본은 우리나라 광고 단가의 3~4배이고, 미국은 무려 7~8배에 이른다. 같은 콘텐츠라도 어느 나라에서 소비하느냐에 따라 수익이 최고 8배까지 차이가 나는 것이다.

국내에서 주로 소비되는 콘텐츠와 비교하면 해외 콘텐츠의 조회 수와 구독자 수는 그야말로 '넘사벽'이다. 2018년 3월 기준 싸이의 유튜브 채널 구독자 수는 1,100만 명 이상이고, 조회 수는 67억에 이른다. 국내에서는 절대 불가능한 숫자다. 국내 콘텐츠와 해외 콘텐츠의 구독자 수 차이는 결국 광고 수익과 영향력의 차이로 이어질 수밖에 없다.

내 구독자 20~30퍼센트는 해외에 있다. 그들이 내 콘텐츠를 소비하기 때문에 영어를 잘 못하는 나도 매달 해외 광고 수익을 낸다. 한번은 내 동영상을 보며 한국어를 공부한다는 크로아티아 학생의 영상을 본 적도 있다. 하지만 내 콘텐츠는 언어 한계가 매우 분명하기 때문에 해외 시장을 공략하기에는 무리가 있다. 내가 푸드나 키즈 등의 신규 채널을 준비하는 이유도 여기에 있다.

우리 시청자는 이제 70억 세계인이다

케이 팝, 케이 뷰티, 커버 댄스, 악기 연주, 키즈 등 넌버벌 콘텐츠는 언어 장벽이 없고 케이 컬처 특수를 누릴 수 있다는 점에서 해외 시장 공략이 수월하지만, 주의할 사항도 있다. 특히 음악 관련 콘텐츠는 저작권에 유의해야 한다. MCN 소속이면 해당 회사에서 저작권을 보유하고 있는 음악을 쓸 수 있지만, 그렇지 않은 경우는 저작권 위반으로 광고 수익을 전혀 낼 수 없다. 한때는 음악 저작권을 위반한 동영상을 무조건 삭제 조치했지만, 요즘은 저작권자가 광고 수익을 가져가고, 콘텐츠는 남겨두는 경우가 많다. 이런 경우 1인 크리에이터는 광고 수익을 얻지 못하는 대신 콘텐츠로 자기 홍보를 하고, 외부 행사로 수익을 낼 수 있다.

잘 만든 키즈 콘텐츠는 해외 구독자가 90퍼센트에 달한다. 조회 수를 올리거나 해외 시장을 노리기에는 가장 적합한 채널이다. 하지만 1인 크리에이터로서 인지도를 높이는 데는 한계가 있다는 점을 염두에 두어야 한다.

때로는 해외 공략을 위해 더빙이나 자막을 쓰는 경우도 있다. 좋은 아이디어지만, 영어권 시청자는 자막에 익숙하지 않다는 것이 문제다. 그리고 더빙은 추가 제작비가 든다.

이런저런 고민 없이 해외를 공략하려면 영어를 잘하면 된다. 요즘 영어 구사 능력을 기본으로 장착한 스펙 좋은 젊은이들이 많은데, 외국계 회사에 취업하지 않아도 외화를 벌어들일 수 있는 방법이 바로 유튜브 크리에이터가 되는 것이다. 자기 영어 실력을 활용해 콘텐츠를 만들되, 영어 강의 등 국내 전용 콘텐츠 말고 해외 시장을 공략할 기획을 고민해보자. 예를 들어 유창한 영어 솜씨와 케이 뷰티 콘텐츠를 합하면 좋은 결과를 기대할 수 있을 것이다.

지금 시작하는 크리에이터가 경쟁력을 가지려면 해외 공략을 노리는 것이 가장 좋다. 이제 1인 미디어 시청자는 5,000만 한국인이 아니라 70억 세계인이다.

참, 마지막으로 닉네임을 신중하게 정하라고 충고하고 싶다. '대도서관'은 아무리 생각해도 글로벌한 닉네임은 아니다. '방탄소년단'이 'BTS'가 된 데서 힌트를 얻는다고 해도 'DDSK'? 이것 참…. 나처럼 난감한 상황에 봉착하지 않으려면 처음부터 해외 시장을 염두에 두고 닉네임을 정해야 한다.

당신 호주머니에는 무엇이 들어 있는가

해외 시장 공략 외에도 대도서관의 비전은 매우 다양하다. 우선 미국식 토크쇼 프로그램을 제작해보고 싶다. 미국식 토크쇼 스타일이란 호스트가 2~10분짜리 짧은 코너를 연달아 진행하는 것이다. 짧은 동영상 여러 개로 이루어졌다는 점에서 유튜브 친화적인 프로그램이다.

예전에는 우리나라에서도 진행자 이름을 내건 본격 토크쇼가 있었다. 〈자니 윤 쇼〉나 〈주병진 쇼〉, 〈이승연의 세이 세이 세이〉, 〈김혜수 플러스 유〉 같은 프로그램이 그것이다. 하지만 이런 쇼들은 게스트 한 명을 초대해 1시간에 걸쳐 집중적인 토크를 하는 방식이라 미국식 토크쇼와는 많이 달랐다.

내가 미국식 토크쇼 형식을 차용한 〈대도서관 토크쇼〉를 꿈꾸게 된 것은 코난 오브라이언Conan Christopher O'Brien의 영향이 크다. 코난 오브라이언은 미국을 대표하는 심야 토크쇼 진행자다. 특유의 입담과 센스로 특히 젊은 층에게 인기가 많으며, 이런 특성 때문에 그의 콘텐츠는 TV보다 유튜브에서 더 많이 소비되고 있다.

그가 한국 찜질방에서 때밀이 체험을 하는 유튜브 동영상은 국내에서도 꽤 인기가 많다. 몇 년 전 내한해 MBC 드라마 〈한번 더

해피엔딩〉에 카메오로 출연하기도 했다. 그가 적지 않은 나이에도 늘 젊은 세대와 유쾌하게 소통하는 모습은 내게 큰 영감을 준다. 내가 언젠가 토크쇼를 직접 제작·진행하게 되면 코난 오브라이언의 발뒤꿈치라도 따르게 되길 바란다.

또 다른 비전은 현재 온라인에 집중되어 있는 대도서관의 가치를 오프라인으로 확장하는 것이다. 나는 장난감에 관심이 많다. 언젠가 내가 기획하고 생산한 장난감을 전 세계 아이들이 갖고 노는 모습을 보았으면 좋겠다. 1인 미디어를 떠나 본격적으로 사업을 해보겠다는 이야기가 아니다. 나는 홍보와 유통을 1인 미디어를 통해서만 하는, 유통의 혁명을 시험해보고 싶다. 노골적인 장난감 광고를 만들겠다는 것이 아니라 스토리텔링이 있는 고유 콘텐츠를 개발하고 싶은 것이다.

양질의 콘텐츠로 세련된 마케팅 효과를 거둔다는 점에서 레고 무비나 레고 테마파크가 좋은 사례가 될 것 같다. 단, 내 경우에는 상품을 생산하지 않고 먼저 콘텐츠를 제작하고 싶다. 상품을 팔기 위해 홍보 콘텐츠를 제작하는 것이 아니라 반대로 콘텐츠를 먼저 제작해 유통하고, 부가 가치 상품을 생산하는 방식 말이다. 아직 설익은 꿈이지만, 게으름 부리지 않고 한 발, 한 발 아이디어를 발전시켜나가려 한다.

그러기 전에 우선 1인 미디어 저변 확대를 위해 해야 할 일이 많다. 한쪽에서는 1인 미디어는 이미 레드오션이라고 하는데, 다른 한쪽에서는 아직도 아프리카TV BJ가 1인 미디어의 전부인 줄 알고 있다. 40대 이상에게 1인 미디어는 정글처럼 두려운 미지의 세계이고, 10~20대는 그 안에서 타잔처럼 줄타기 놀이를 하고 있다. 선입견의 극과 극, 너무 모르거나 너무 아는 것의 차이와 간극이 1인 미디어에 대한 오해를 끊임없이 양산하고 있다.

가장 큰 오해는 1인 미디어는 이미 포화 상태라는 것이다. 1인 미디어에 광고가 들어오는 것보다 크리에이터가 쏟아져 들어오는 속도가 훨씬 빠르고, 더 이상 유튜브로 광고 수익을 기대하기는 어렵다는 진단이 연일 보도된다. 하지만 나는 반대로 더 많은 크리에이터가 쏟아져 나와야 한다고 생각한다. 인구와 자원이 부족한 우리나라가 경쟁력을 가지려면 개성과 창의력을 가진 인재를 양성해야 하고, 크리에이터야말로 그런 인재라는 것이 내 생각이다. 1인 미디어는 한순간 유행이 아니라 기술 발전과 1인 브랜드에 대한 현대인의 욕구가 맞물려 흐르는 거스를 수 없는 물결이다.

무엇보다 나는 1인 미디어가 '개인의 발견'이라는 면에서 가치 있다고 생각한다. 그간 수많은 개인이 자기 취향과 취미를 호주머니 속에 꾸깃꾸깃 처박아두고만 있었다. 가끔씩 호주머니 속에 손을 넣어 만지작거려보기는 해도 이것을 꺼내어 내보일 생각은 하지 않았다. 내 취향과 취미는 그저 나 혼자만을 위한 것이지, 다른 효용은 없을 거라고 여긴 것이다.

하지만 이제 1인 미디어라는 커다란 흐름이 수많은 개인의 호주머니에 갇혀 있던 취미를 세상 밖으로 소환하고 있다. 지금 당장 호주머니 속에 손을 넣어보라. 무엇이 만져지는가. 꾸깃꾸깃한 휴지 조각인 줄 알겠지만 당신이 틀렸다. 누군가에게 그것은 새로운 세상에서 온 초대장이다. 누군가에게는 반짝이는 즐거움이고, 또 누군가에게는 생각지도 못한 액수의 지폐다. 대도서관이 그랬던 것처럼 그 누구라도 자기 호주머니에 숨겨둔 가능성을 활용해 1인 미디어로 성공할 수 있다. 그래서 내가 마지막으로 하고 싶은 말은 바로 이것이다.

"쫄지 마세요! 일단 찍고, 올려보세요!"

대도서관과 함께 만드는
유튜브 대박 콘텐츠

: 기획부터 마케팅까지, 대도서관이 일대일 코칭한다!

살림 9단,

30대 주부라면?

[아이와 함께 만드는 요리]

＊전문성과 친근함으로 승부하라 : 요리 채널 도전!

　내가 유튜버에 도전하라고 가장 부추기고 싶은 사람은 바로 주부다. 주부는 살림, 육아, 교육, 부동산, 인테리어, 요리, 쇼핑 등 다양한 분야에 폭넓은 관심과 노하우를 갖고 있다. 그뿐 아니라 이런 노하우를 쉽고 친근하게 풀어낼 수 있어 유튜버가 되기에 안성맞춤이다.

　주부가 하는 일도 다른 직업들처럼 많은 전문성과 노력이 필요하지만, 실제로는 그에 합당한 대우를 받지 못하고 있다. 자기 일에 성취감을 느끼지 못했던 주부라면 이제 유튜브로 눈을 돌려보길 바란다. 유튜브를 통해 가사 및 육아 노하우를 공유하고 구독자와 소통하다 보면 주부 스트레스는 사라지고 자기 일에 긍지와 성취감을 느낄 수 있을 것이다. 유튜브 채널을 1~2년 이상 꾸준히, 일관성 있게 운영하면 안정적인 광고 수익도 기대할 만하다.

유튜브에는 이미 주부가 운영하는 채널이 아주 많다. 그렇다고 이 분야를 레드오션이라고 할 수는 없다. 유튜브의 묘미는 시청자가 자기 관심사를 따라 꼬리에 꼬리를 물고 이런저런 채널로 옮겨 다니는 데 있다. 따라서 누군가의 요리 채널이 잘된다는 것은 내 구독자를 빼앗겼다는 뜻이 아니라, 내 요리 채널도 잘될 수 있다는 뜻이다. 그런 의미에서 유튜브 사전에는 '이미 늦었다'는 말은 없다. 유튜브는 늘 '지금 도전해도 늦지 않다'.

STEP 1 기획 내가 좋아하고 잘하는 것이어야 한다

▶**내가 자신 있고 관심 있는 분야 찾기** : 살림, 육아, 교육, 부동산, 인테리어, 쇼핑, 요리 등 다양한 분야에서 내가 가장 자신 있는 것을 하나 선택하자. 여기서는 요리 분야를 선택해 진행해보려 한다.

▶**메인 기획 정하기** : 구독자를 꾸준히 늘려가려면 내 채널만의 독특한 시그니처 콘텐츠, 즉 메인 기획이 있어야 한다. 메인 기획을 정할 때는 지속가능성을 고려해야 한다. 1만 원짜리 한 장으로 만드는 요리, 냉장고 파먹기 요리, 3분 간단 요리 등 아이템이 무궁무진하다. 이처럼 소재 고갈을 걱정하지 않고 콘텐츠를 만들

수 있어야 좋은 기획이다. 여기서는 '아이와 함께 만드는 요리'를 메인 기획으로 정해보자.

▶**시청자 연령대 정하기** : 시청자 연령을 어떻게 정하느냐에 따라 내용이 달라진다. 여기서는 어린 자녀를 둔 30대 부모와 학령 전 아이들을 대상으로 해보겠다.

▶**기본 콘셉트 정하기** : 부러움과 동경을 자극하는 일명 '워너비 콘텐츠'를 만들 것인지, 친근함과 공감을 이끌어내는 '일상 콘텐츠'를 만들 것인지를 먼저 결정한다. 자기 이미지를 빠르게 구축하려면 안경이나 모자 등 소품을 활용하여 자신만의 시그니처 스타일을 만들어보는 것도 좋다.

▶**업로드 주기 정하기** : 업로드 주기는 편한 대로 해도 좋지만, 일주일에 2개 이상은 반드시 업로드해야 한다. 업로드 요일과 시간을 미리 공지하면 고정 구독자 수를 늘리는 데 도움이 된다.

아이와 함께 요리하는 채널을 운영한다면 아이가 어린이집에 가지 않는 매주 토요일에 촬영을 하고, 평일에는 짬짬이 기획과 편집을 하는 방식으로 작업하여 매주 화요일과 금요일 오전 10시에 동영상을 업로드하는 스케줄이 좋겠다.

매주 콘텐츠를 2개 이상 규칙적으로 업로드하기란 결코 쉽지 않다. 만약의 경우를 대비하여 예비 영상을 4~6개 정도 만들어두면 혹여 예기치 못한 일이 생겼을 때에 요긴하게 쓸 수 있다.

▶**기획안 쓰기** : '아이와 함께 만드는 요리'라는 메인 기획이 정해졌으니 세부 기획안은 어떤 요리를 할까에 집중하면 된다. 아이가 좋아할 만한 요리 중에 만들기 쉽고 영양도 풍부한 것을 고른다. 요리에 '호빵맨 주먹밥', '상어가족도 좋아하는 샐러드' 식으로 아이가 좋아할 만한 이름을 붙이면 더 좋겠다.

메인 콘텐츠 말고 가끔은 서브 콘텐츠를 올릴 필요도 있다. 내가 설정한 시청자가 관심을 가질 만한 색다른 기획을 해보는 것이다. 아이와 함께 만든다는 메인 기획과는 다소 거리가 있지만, 요즘 유행하는 와인 안주를 만들어본다거나 주부들 사이에 인기 있는 조리기구의 리뷰를 하는 식이면 적당하다. 이런 서브 콘텐츠는 새로운 시청자를 확보하고, 기존 시청자와 소통하는 데 도움을 준다.

한 가지 조심해야 할 점은 서브 콘텐츠를 기획할 때도 시청자 연령층을 고려해야 한다는 점이다. '유아를 키우는 젊은 부모'로 시청자를 타기팅했다는 점을 간과하고 난데없이 '자취생 간편 요리' 등을 서브 콘텐츠로 제작하면 채널 일관성이 사라져 고정 구독자 층을 확보하기 어려워진다.

▶**영상 길이 결정하기** : 모든 콘텐츠를 반드시 똑같은 길이로 통일시킬 필요는 없다. 하지만 몇 분짜리 영상을 만들 것인지는

미리 정해두어야 시행착오를 줄일 수 있다. 콘텐츠 길이를 염두에 두지 않고 무작정 촬영을 시작하면, 시간이 한없이 길어지거나 편집 때 애를 먹을 수 있다. 또 효과적으로 분량을 조절하지 못해 지루하거나 늘어지는 영상이 만들어질 위험도 있다. 아이템에 따라 다르지만 3~5분 이내가 가장 좋고, 길어도 10분은 넘기지 말아야 한다.

▶**닉네임과 채널 이름 만들기 :** 소소하게 시작하는 채널이라도 이왕이면 글로벌 시장을 고려하는 것도 나쁘지 않다. 닉네임은 영어 또는 영어로 옮기기 좋은 것으로 선택하자. 채널 이름은 채널 정체성을 잘 드러내는 것으로 고른다. 닉네임과 채널 이름이 결정되면 유튜브 계정을 만든다.

STEP 2 준비물 기본적으로 갖추고 있어야 할 것들

▶**카메라 :** 초보 유튜버라면 카메라는 스마트폰 하나로 충분하다. 단, 요리 채널은 요리를 클로즈업해서 보여줄 필요도 있기 때문에 스마트폰과 50~60만 원대 DSLR을 함께 사용하여 와이드와 클로즈업을 동시에 촬영하는 것이 좋다.

▶**삼각대 :** 실내 촬영을 할 때는 카메라를 고정할 삼각대도 필

요하다.

▶**조명 :** 초보자는 카메라에만 신경 쓰기 쉽지만, 정작 중요한 것은 조명이다. LED 조명 2~3개 정도를 준비하면 색감과 화면이 한결 고급스러워진다.

▶**마이크 :** 또 하나 중요한 준비물이 바로 마이크다. 소리가 또렷하게 들리지 않으면 집중력이 떨어진다. 그러면 시청자는 동영상을 끝까지 보지 않고 중간에 이탈해버린다. 카메라에 내장된 마이크로 녹음할 수도 있지만, 보다 선명한 음질을 제공하기 위해 마이크는 꼭 하나 장만하자.

특히 요리 동영상은 굽고 끓이고 볶는 과정에서 들리는 효과음을 생생하게 전달해야 하므로 마이크가 매우 중요하다. 여유가 된다면 대사를 녹음할 마이크와 요리 과정에서 나는 효과음을 녹음할 마이크, 두 대를 사용하는 것이 좋다.

무선 마이크는 70만 원대로 가격 부담이 크다. 처음에는 10만 원대 콘덴서 마이크로도 충분하다.

▶**편집용 컴퓨터 :** 편집용 컴퓨터는 '프리미어'라는 편집 프로그램이 잘 구동되는 사양이면 된다. 최신 게임이 가능한 100만 원대 컴퓨터라면 대개 동영상 편집용으로도 손색이 없다. 만일 사무용 노트북 컴퓨터라면 그래픽 카드 유무를 확인하고, 없으면

구입해야 한다. 그래픽 카드 가격은 10~20만 원대다.

▶**편집 프로그램** : 촬영한 동영상을 편집하려면 '프리미어'라는 편집 프로그램이 있어야 한다. 어도비(www.adobe.com/kr)에서 월 2만 원대에 구입할 수 있다. 경우에 따라 포토샵 프로그램도 함께 사용하면 좋다. 맥 이용자는 편집 프로그램으로 '파이널컷' 시리즈를 써야 한다. 이 프로그램의 구입 가격은 40만 원대이며 영구 사용이 가능하다.

STEP 3 촬영   편안하게 재미있게 스스로 즐기면서

가급적 밝고 긍정적인 모습을 보이는 것이 중요하다. 목소리 톤을 살짝 높이고 리듬감 있게 말해야 시청자가 지루해하지 않고, 정보도 잘 전달된다. 초보자는 진행에 미숙한 게 당연하다. 편집 과정에서 진행상의 미숙함과 실수를 보완할 수 있으므로 부담 갖지 말고 편안한 마음으로 촬영하자. 실수를 한 경우에는 나중에 편집하기 쉽도록 몇 초간 사이를 두고 다시 진행한다.

아이와 함께 촬영할 때는 무조건 아이를 먼저 배려해야 한다. 동영상 촬영만을 목적으로 삼으면 엄마도 아이도 힘들어진다. 아이와 즐겁고 유쾌한 시간을 보낸다는 생각으로 아이 속도에 맞추어 촬영해야 시청자도 편안하고 즐겁게 볼 수 있다.

주부 콘텐츠의 이점은 외부 광고를 노릴 여지가 있다는 것이다. 특히 요리 콘텐츠는 식기나 조리기구, 식재료 등이 자연스럽게 노출되기 때문에 해당 업체 광고주의 눈에 들기 쉽다. "자, 이제 달걀지단을 부칠 차례인데요. 주부들 사이에서 유명한 ○○프라이팬을 써볼게요. 저도 몇 달 전에 구입해서 쭉 쓰고 있는데 가벼워서 팔에 무리가 덜 가고, 눌러 붙거나 타지 않아서 아주 좋더라고요." 이런 식으로 자연스럽게 제품의 장점을 언급해주면 나중에 외부 광고가 들어올 가능성이 커진다.

하지만 제품을 언급하려면 진정성이 있는, 성실한 사용 후기여야 한다. 광고를 노린 마구잡이식 제품 추천은 시청자 신뢰를 잃어 광고 기회도 얻기 어려워진다.

STEP 4 편집 시청자를 사로잡는 콘텐츠가 만들어지는 마법

주부들이 가장 두려워하는 부분이 바로 편집이다. 하지만 동영상 편집에 대단한 기술이 필요한 것은 아니다. 누구라도 몇 번 연습하면 금세 익힐 수 있으니 겁내지 말고 도전하길 바란다.

인기 있는 콘텐츠는 무언가를 자꾸 더하기보다는 불필요한 걸잘 덜어내는 데 핵심이 있다. 같은 말을 반복하거나 쓸데없이 늘어지는 부분이 없도록 하자. 특히 연달아 여러 문장을 말할 때 문장과 문장 사이, 소리가 비는 부분을 잘라내야 한다. 뜸 들이며 말하는 느낌을 주거나 중간중간 소리가 비면 진행이 미숙해 보인다. 그뿐 아니라 내용도 재미없고 지루하게 느껴질 수 있다.

편집할 때는 재미있는 부분을 초반에 배치하는 것이 좋다. 유튜브는 평균 시청률이 높지 않다. 재미없다고 판단하는 순간 시청자는 가차 없이 떠난다. 따라서 초반에 시청자 시선을 사로잡을 수 있어야 한다. 시간 순서상 뒤에 나오는 영상이라도 맛보기식으로 초반에 노출해야 시청자가 기대감을 잃지 않고 동영상을 끝까지 시청할 수 있다. 재미 정도를 '강-중-약-초강' 정도로 배치한다고 생각하고 편집하자.

가능하면 자막도 넣어주는 것이 좋다. 지하철이나 버스 등에서 음성을 듣지 않고 화면만 보는 시청자도 많기 때문이다. 대사는 무조건 자막으로 넣어주고, 이외에도 재미 포인트나 중요한 내용 등을 자막으로 처리한다. 모바일 사용자를 배려하여 자막 폰트는 깔끔하고 심플한 것으로 고른다. 초보자는 폰트에도 저작권이 있다는 사실을 간과하기 쉽다. 예쁘다고 무조건 가져다 쓰다가는 나중에 저작권료 폭탄을 맞을 수 있으므로 무료 사용이 가능한지 반드시 확인해야 한다.

저작권에 주의해야 하는 또 다른 부분이 바로 음악이다. 아직까지는 유튜브에서 무료로 제공하는 음원 외에 다른 음원을 구입하거나 사용하기가 쉽지 않은 실정이다. 멜론 등 음원 사이트에서 개인적으로 구매한 음원은 유튜브에 업로드할 동영상에 사용할 수 없다. MCN에 가입한 1인 크리에이터는 해당 MCN이 저작권을 보유하고 있는 음원을 사용할 수 있지만, 그렇지 않은 초보 유튜버라면 무료 음원만 사용해야 한다.

STEP 5 업로드 섬네일과 제목이 중요하다

편집을 마쳤으면 이제 정해진 날짜에 동영상이 업로드될 수 있게 예약을 해둔다.

이때 신경 써야 할 부분이 바로 섬네일(동영상 미리보기 화면)과 제목이다. 시청자가 내 동영상을 볼지 말지 결정하는 데 이 두 가지가 결정적인 영향을 미치기 때문이다. 제목은 호기심을 자극해야 하지만 거짓말을 해서는 안 된다. 제목에 혹해서 시청했다가 실망한 시청자는 충성도 높은 구독자가 되지 않는다. 섬네일은 동영상에서 가장 재미있는 부분에서 고르는 것이 좋다. 아예 섬네일에 스포일러를 보여주는 것도 한 방법이다. 섬네일에 들어갈 자막은 최대한 크고 심플해야 시선을 잡아끌 수 있다.

STEP 6 마케팅 트렌드를 활용해 노출하기

트렌드에 맞는 검색어를 설정하면 채널 홍보에 도움이 된다. 예를 들어 〈효리네 민박 2〉에 등장해 화제를 모은 와플 기계로 요리 콘텐츠를 만들고, 검색어나 태그에 와플 관련 단어를 넣으면 시청자들의 관심을 한결 쉽게 모을 수 있다. 인기 요리 유튜버의 시그니처 메뉴를 따라서 만들어보는 것도 좋다. 그 유튜버를 검색할 때마다 내 채널도 동반 노출될 가능성이 커질 테니까.

B급 감성 충만,

20대 대학생이라면?

[돈 없고 걱정 많은 20대 청춘 생생 라이프]

＊기발함과 캐릭터로 승부하라 : 엔터테인먼트 채널 도전!

    대학생의 가장 큰 장점은 네트워킹이다. 취미와 관심사가 비슷한 친구끼리 네트워킹을 조직해 유튜브 동영상 제작에 도전해보자. 두 명 이상이 출연하는 동영상을 만들려면 무엇보다 캐릭터를 잘 만들어야 한다. 〈무한도전〉이나 〈1박2일〉 등 리얼리티 예능 프로그램을 떠올려보자. 어떤 미션을 수행하든, 어떤 장소를 가든 각 캐릭터가 어떤 반응을 보이는지가 재미 요소가 된다. 캐릭터가 일관되고 안정적으로 만들어져야 콘텐츠를 지속적으로 만들 수 있고, 시청자도 친근함과 재미를 느낄 수 있다.

    친구들끼리 채널을 운영하는 경우도 많지만, 최근에는 커플 유튜버도 많아졌다. 이들 콘텐츠의 특성은 일상적인 경험을 소재로 한다는 데 있다. 유튜브 채널을 운영하기 위해 억지로 뭔가를 기획하고 만들어내는 것이 아니라 일상에서 자기들이 경험하고 느끼는 점을 일기 쓰듯 유튜브 동영상으로 제작한다. 이렇게 자연스럽고 친근감 있는 일상 콘텐츠도 시청자의 공감만 잘 얻으면 인기몰이를 할 수 있다.

　최근에는 기업에서도 1인 미디어를 통한 홍보에 큰 관심을 기울이고 있다. 대학 시절의 친구끼리, 혹은 커플끼리 의기투합하여 재미 삼아 유튜브 채널을 만들고 안정적으로 운영하다 보면 취업에도 분명 큰 도움이 될 거라고 생각한다.

STEP 1 기획　내가 좋아하고 잘하는 것이어야 한다

　▶내가 자신 있고 관심 있는 분야 찾기 : 20대가 가장 잘할 수 있고, 자신 있는 분야를 찾아보자. 여기서는 엔터테인먼트 분야를 선택해 진행해보려 한다.

　▶메인 기획 정하기 : 구독자를 꾸준히 늘려가려면 내 채널만의 독특한 시그니처 콘텐츠, 즉 메인 기획이 필요하다. 메인 기획을 정할 때는 무엇보다 지속가능성을 고려해야 한다. 소재 고갈을 걱정하지 않고 꾸준히 만들 수 있는 소재인지를 미리 점검하자.

　여기서는 '돈은 없고, 취업 걱정·연애 걱정은 많은 20대 청춘 생생 라이프'를 메인 기획으로 정해보겠다.

▶**시청자 연령대 정하기 :** 시청자 연령을 어떻게 정하느냐에 따라 내용도 구성 방식도 달라진다. 여기서는 엔터테인먼트 방송에 관심이 많은 10대 후반~20대를 대상으로 해보겠다.

▶**기본 콘셉트 정하기 :** 먼저 부러움과 동경을 자극하는 일명 '워너비 콘텐츠'를 만들지, 친근함과 공감을 이끌어내는 '일상 콘텐츠'를 만들지를 결정한다. 나만의 캐릭터나 이미지가 있으면 좋으니, 자신에게 맞는 스타일링을 해보자.

엔터테인먼트 채널, 특히 두 명 이상이 출연하는 방송에서는 캐릭터 구축이 무엇보다 중요하다. 각자 개성이 뚜렷해야 시청자 팬덤을 형성하기에 유리하다. 여기서는 친구 두 명이 각자 '보케와 츳코미' 역할을 맡아 진행하기로 계획을 세워보겠다. 보케와 츳코미는 일본 스탠드 업 코미디에서 즐겨 쓰는 캐릭터인데, 보케는 엉뚱하고 어수룩한 바보 역할, 츳코미는 그런 보케에게 면박을 주는 역할이라고 이해하면 된다. 두 캐릭터를 통해 약간의 '병맛 코드'와 'B급 정서'를 보여줌으로써 친근함과 공감을 이끌어내는 일상 콘텐츠를 만들어보자.

▶**업로드 주기 정하기 :** 업로드 주기는 편한 대로 해도 좋지만, 일주일에 2개 이상은 반드시 업로드해야 한다. 고정 독자 수를 늘리고, 독자들의 이탈을 막고 싶다면 특정한 요일이나 시간을 정해두고 영상을 올리자.

학교생활과 병행해야 하므로 평일에는 짬짬이 기획과 편집을 하고, 주말에 몰아서 촬영하는 방식으로 작업하여 매주 화요일과 목요일 오전 11시에 동영상을 업로드하기로 하자.

학교생활을 하면서 매주 콘텐츠를 2개 이상 규칙적으로 업로드하기란 쉽지 않다. 학교생활과 병행하다 보면 예기치 못한 일이 생길 수 있으므로, 여분의 동영상을 몇 개 만들어두도록 한다.

▶**기획안 쓰기** : '돈은 없고 취업 걱정·연애 걱정은 많은 20대 청춘 생생 라이프'라는 메인 기획이 정해졌으니 세부 기획안은 20대가 공감할 만한 상황을 보여주는 데 집중한다.

'요즘 이게 인기라며? 돈은 없지만 우리도 ○○ 해봤다!'처럼 인기 있는 아이템을 체험한 리뷰 콘텐츠, '배고픈 청춘을 달래줄 편의점 먹방'처럼 예능과 정보를 접목한 콘텐츠, '친구와 수박 빨리 먹기 대결' 등 예능에 충실한 콘텐츠 등을 기획할 수 있을 것이다.

메인 콘텐츠 외에 가끔은 서브 콘텐츠도 올려보자. 하지만 아무 콘텐츠나 올려선 안 된다. 내가 타깃으로 설정한 시청자가 관심을 갖거나 좋아할 만한 것을 찾아 조금 색다른 기획을 해보도록 하자.

'100일 기념 선물로 뭐가 좋을까', '조별 과제 무임승차, 이렇게 응징하자' 식으로 기존 메인 기획과는 살짝 다른 분위기의 서브 콘텐츠를 제작할 수 있다.

때로 '댓글 읽어주기 코너' 같은 콘텐츠로 시청자와 소통하는 것도 좋다. 이런 서브 콘텐츠는 새로운 시청자를 확보하고, 기존 시청자의 '팬심'을 돈독하게 만드는 데 도움이 된다.

한 가지 조심해야 할 점은 앞서 말했듯 서브 콘텐츠 기획에도 시청자 연령층을 고려해야 한다는 것이다. 만일 '10대 후반~20대'로 시청자를 타기팅했다는 점을 간과하고, 조회 수를 올리려는 욕심에 초등학생들이 좋아하는 마인크래프트 게임 관련 콘텐츠를 제작했다고 해보자. 그러면 채널 일관성이 사라져 고정 구독자 층을 확보하기 어려워진다.

▶**영상 길이 결정하기** : 모든 콘텐츠의 길이가 일정할 필요는 없지만, 몇 분짜리 영상을 만들지는 미리 정해두자. 그렇지 않으면 촬영 시간이 길어지거나 편집 때 불필요한 분량을 과감하게 잘라내지 못해 자칫 지루한 동영상이 만들어질 수 있다. 아이템에 따라 다르지만, 3~5분 이내가 가장 좋고, 길어도 10분은 넘기지 않아야 한다.

특히 이런 예능 기획은 3분 이내가 가장 좋다. 스낵 주워 먹듯 가볍게 볼 수 있는 영상을 만들자는 생각으로 기획해야 한다.

▶**닉네임과 채널 이름 만들기** : 부록 251쪽의 내용과 동일하니 참조하자.

STEP 2 준비물 기본적으로 갖추고 있어야 할 것들

▶**카메라** : 부록 251쪽의 내용과 동일하니 참조하자.

▶**삼각대** : 부록 251쪽의 내용과 동일하니 참조하자.

▶**조명** : 부록 252쪽의 내용과 동일하니 참조하자.

▶**마이크** : 부록 252쪽의 내용과 동일하니 참조하자.

▶**편집용 컴퓨터** : 부록 252쪽의 내용과 동일하니 참조하자.

▶**편집 프로그램** : 부록 253쪽의 내용과 동일하니 참조하자.

STEP 3 촬영 편안하게 재미있게 스스로 즐기면서

어떤 콘텐츠를 다루며 구독자가 누구인지에 따라 달라지기는 하지만, 가급적 친근하고 편안한 모습을 보이는 것이 좋다. 특히 초보자의 경우, 긴장해서 실수하는 일이 많은데 편집에서 얼마든지 수정과 보완이 가능하니 신경 쓰지 말고 촬영하자.

예능 방송이라고 무조건 웃겨야 한다는 강박을 가질 필요는 없다. 시청자가 원하는 것은 자연스러운 웃음이다. 기획과 캐릭터만 잘 잡았다면 웃음은 보장된 셈이다. 억지로 웃긴 상황을 만들려 하지 말고, 기획을 잘 따라가면서 자기 캐릭터를 잃지 않는 것이 중요하다. 비속어나 욕설은 적당히 사용하면 친근감과 재미를 줄 수 있지만, 지나치면 불쾌감을 주므로 주의한다.

콘텐츠를 제작할 때는 늘 광고를 염두에 두어야 한다. 제품 리뷰 콘텐츠를 서브 콘텐츠로 따로 만들어도 좋고, 특정 제품이 등장할 때마다 제품에 대해 자연스럽게 한두 마디 언급하는 방법도 괜찮다. 이런 식으로 광고에 대한 여지를 줘야 광고 섭외가 들어올 가능성도 커진다. 이때 주의할 것이 있다. 광고를 따내는 것이 목적이 돼 진정성 없는 불성실한 리뷰를 올린다면 시청자의 신뢰를 잃게 된다는 점이다.

STEP 4 편집　시청자를 사로잡는 콘텐츠가 만들어지는 마법

기획도 촬영도 중요하지만 얼마나 효과적으로 편집했느냐에 따라서도 콘텐츠에 대한 시청자들의 반응은 천차만별 달라진다. 편집의 기본은 필요 없는 부분을 잘라내는 것이다. 특히 연달아 여러 문장을 말할 때 문장과 문장 사이, 소리가 비는 부분을 잘라내야 한다. 특히 예능 방송은 빠른 리듬감이 생명이다. 뜸 들이며 말하는 느낌을 주면 루즈하게 느껴지고, 재미가 금세 반감돼버린다. 편집할 때는 재미있는 부분을 초반에 배치하는 것이 좋다. 그 이유는 255쪽에서 이미 설명했다.

대사는 무조건 자막으로 넣어주고, 이외에도 재미 포인트나 중요한 내용 등을 자막으로 처리한다. 특히 예능 방송은 자막을 잘 써야 한다. 센스 없는 자막은 재미를 떨어뜨리는 주범이다. 자막을 재치 있게 잘 만들 자신이 없으면 차라리 대사만 자막 처리하고, 다른 자막은 달지 않는 편이 낫다. 인기 예능 프로그램을 자주 보면서 어떤 자막이 재미를 주는지 연구하고 공부하자.

모바일 사용자도 그 수가 상당하므로 자막 폰트는 깔끔하고 심플한 것으로 고른다. 자막을 쓰기 전, 폰트 저작권에 대해 반드시 확인해야 한다. 그뿐 아니라 음악 저작권도 주의해야 한다. 그에 따른 유의점은 255쪽에서 이미 설명했다.

STEP 5 업로드 섬네일과 제목이 중요하다

부록 256쪽의 내용과 동일하니 참조하자.

STEP 6 마케팅 트렌드를 활용해 노출하기

부록 256쪽의 내용과 동일하니 참조하자.

N잡러가 장래희망,
30대 직장인이라면?
[3분 명화]

＊취미와 관심사를 적극 살려라 : 정보 채널 도전!

　30대는 비교적 안정적인 수입을 기반으로 취미활동을 할 수 있는 연령대. 취미나 관심사에 전문가 수준의 지식과 애정을 갖고 있는 경우가 많으므로, 이를 십분 활용해 콘텐츠를 만들어볼 것을 추천한다.

　직장생활을 하면서 일주일에 2개 이상의 콘텐츠를 만들기가 쉽진 않겠지만, 취미생활의 연장이라고 생각하면 부담이 덜할 것이다. 동영상 제작을 주요 목적으로 하지 말고, 취미생활을 동영상으로 기록한다는 마음으로 시작하길 바란다. 촬영 장비를 구입하거나 촬영에 필요한 시간을 내느라 무리해서는 안 된다. 이미 갖고 있는 장비를 활용해 여가시간에 촬영하는 것이 가장 좋다.

STEP 1 기획 내가 좋아하고 잘하는 것이어야 한다

▶**내가 자신 있고 관심 있는 분야 찾기** : 30대 직장인이라면 취미나 정보에 관한 채널을 운영하는 것이 가장 좋다. 자기 취미를 십분 살려 동영상을 제작해보자. 여기서는 미술 관련 정보를 전달하는 채널을 만들어보려 한다.

▶**메인 기획 정하기** : 구독자를 꾸준히 늘려가려면 내 채널만의 독특한 시그니처 콘텐츠, 즉 메인 기획이 있어야 한다. 메인 기획을 정할 때는 지속가능성을 고려하는데, 소재 고갈을 걱정하지 않고 꾸준히 만들 수 있는 소재인지를 미리 점검하자.

여기서는 '3분 명화'를 메인 기획으로 정해보겠다. 미술관이나 교과서에서만 보았던 명화들의 감상 포인트를 쉽고 빠르게 설명해주는 기획이다. 명화만 바꿔가면서 지속적으로 콘텐츠를 제작할 수 있으므로 매우 좋은 기획이라고 할 수 있다. 명화만 계속해서 보여주면 화면 구성이 너무 단조로울 수 있으므로 화가의 히스토리나 명화의 창작 배경 등을 설명할 때는 간단한 애니메이션을 제작해 넣기로 한다.

▶**시청자 연령대 정하기** : 시청자 연령을 어떻게 정하느냐에 따라 내용과 관점이 달라진다. 여기서는 20대 후반~30대를 대상으로 해보겠다.

▶**기본 콘셉트 정하기** : 콘텐츠를 만들 때는 먼저 기본적인 콘셉트를 정하는 게 좋다. 일관된 방향성이 있어야 크리에이터 본인도 작업하기 좋고, 구독자들도 헷갈리지 않는다. 그리고 콘텐츠에 맞춰 자신의 이미지나 캐릭터도 만들어보자.

이런 정보성 콘텐츠에는 본인이 직접 등장하지 않아도 된다. 대신 자신의 캐릭터를 표현할 캐리커처를 만들어 등장시키면 재미와 친근감을 극대화할 수 있다.

▶**업로드 주기 정하기** : 업로드 주기는 자신의 상황을 고려해 결정하되, 일주일에 2개 이상은 반드시 업로드해야 한다. 공백이 너무 긴 것은 좋지 않다. 직장생활과 병행해야 하므로 평일에는 짬짬이 기획을 하고, 주말에 몰아서 촬영과 편집을 하는 방식으로 작업하여 매주 화요일과 금요일 오전 10시에 동영상을 업로드하는 스케줄로 정하기로 한다. 직장생활을 하다 보면 매주 콘텐츠를 2개 이상 규칙적으로 업로드하기가 결코 쉽지 않다. 만약의 경우를 대비하여 예비 영상을 4~6개 정도 만들어두자.

▶**기획안 쓰기** : '3분 명화'라는 메인 기획이 정해졌으니 세부 기획은 대중이 좋아할 만한 명화를 고르는 데 집중하면 된다. 레오나르도 다빈치의 〈모나리자〉, 샤갈의 〈나와 마을〉, 빈센트 반 고흐의 〈해바라기〉 등 많은 이들의 사랑을 받는 명화를 선택하고, 어떤 점을 강조하여 설명할지 결정한다.

메인 콘텐츠에 힘을 쏟되 가끔은 서브 콘텐츠를 올리는 것도 좋다. 시청자 입장이 되어 그들이 관심을 갖거나 흥미를 보일 만한, 색다른 기획을 해보는 것이다. '3분 명화'를 메인 기획으로 하고 있으니 서브 기획으로는 '3분 영화', '3분 클래식', '3분 독서' 등도 좋을 것 같다. 이런 서브 콘텐츠는 새로운 시청자를 확보하고, 기존 시청자의 '팬심'을 돈독하게 만드는 데 도움을 준다. 단, 영화나 책을 소개할 때는 저작권을 침해하지 않는지 잘 살펴야 한다.

또 하나 조심해야 할 점은 서브 콘텐츠를 기획할 때도 시청자 연령층을 고려해야 한다는 것이다. 타기팅한 시청자 층에 어울리지 않는 서브 콘텐츠를 제작하면 채널 일관성이 사라져 그나마 있던 구독자 층까지 잃을 수도 있다.

▶**영상 길이 결정하기** : 콘텐츠의 길이를 모두 동일하게 만들 필요는 없지만, 대강 몇 분짜리 영상을 만들지는 정해두는 것이 좋다. 그렇지 않으면 촬영 시간이 무한정 길어지게 되고, 편집할 때 불필요한 것들을 잘라내느라 무척 애를 먹을 수 있다.

여기서는 '3분 명화'를 표방하고 있으니 3분 내외로 길이를 조정하기로 한다.

▶**닉네임과 채널 이름 만들기** : 부록 251쪽의 내용과 동일하니 참조하자.

STEP 2 준비물 기본적으로 갖추고 있어야 할 것들

▶**카메라** : 부록 251쪽의 내용과 동일하니 참조하자.

▶**삼각대** : 부록 251쪽의 내용과 동일하니 참조하자.

▶**조명** : 부록 252쪽의 내용과 동일하니 참조하자.

▶**마이크** : 부록 252쪽의 내용과 동일하니 참조하자.

▶**편집용 컴퓨터** : 부록 252쪽의 내용과 동일하니 참조하자.

▶**편집 프로그램** : 부록 253쪽의 내용과 동일하니 참조하자.

STEP 3 촬영 편안하게 재미있게 스스로 즐기면서

평상시보다 조금 더 밝고 활기찬 모습으로 촬영하고, 목소리 톤을 살짝 높여 리듬감 있게 말해야 한다. 초보자는 진행에 미숙할 수밖에 없다. 편집 과정에서 테크닉을 발휘해 얼마든지 보완할 수 있으므로 부담 갖지 말고 편안한 마음으로 촬영하자.

콘텐츠를 제작할 때는 늘 광고를 염두에 두어야 한다. '3분 명화'를 메인 기획으로 하고 '3분 독서'를 서브 기획으로 하는 채널이라면 특정 미술전시회나 도서 등의 광고가 들어올 가능성이 있다. 따라서 이에 대비해 평소에 전시회나 도서 등을 꼼꼼하고 재미있게 리뷰하는 콘텐츠를 만들어둘 필요가 있다. 단, 모든 리뷰는 진정성이 있어야 한다는 사실을 잊지 말자. 광고를 얻는 데 목적을 두고 아무 제품이나 함부로 추천했다가는 시청자 신뢰를 잃고 더불어 광고 기회도 얻기 어려워진다.

STEP 4 편집 시청자를 사로잡는 콘텐츠가 만들어지는 마법

훌륭한 편집은 죽은 기획도 살린다. 편집의 기본은 필요 없는 부분을 잘라내고 핵심만 남기는 것임을 기억하자. 같은 문장이 연달아 반복되거나, 문장과 문장 사이에 휴지기처럼 소리가 비는 부분을 잘라내야 한다. 말 하는 사이 사이 공백이 많으면 내용 전체가 지루하게 늘어지고, 진행이 미숙해 보일 소지가 있다.

유튜브는 초반에 시청자를 사로잡는 게 중요하다. 화가의 히스토리나 명화의 창작 배경을 설명하는 애니메이션이 있다면, 맛보기 식으로 초반에 노출시키자. 그래야 시청자가 기대감을 잃지 않고 동영상을 끝까지 시청할 수 있다.

정보성 방송은 설명이 길고 늘어지는 경우가 생기는데, 이럴 때 자막으로 요점을 깔끔하게 정리해주도록 한다.

모바일 사용자를 배려하여 자막 폰트는 가독성이 좋은 심플한 것을 사용하는 것이 좋다. 앞에서 언급했지만 폰트나 음악의 경우 저작권에 주의해야 한다.

정보성 채널에는 진행자가 얼굴을 공개하지 않는 대신 애니메이션이나 캐릭터를 넣는 경우도 많은데, 저작권 침해 요소가 있는지 꼼꼼하게 살펴야 한다.

STEP 5 업로드 섬네일과 제목이 중요하다

부록 256쪽의 내용과 동일하니 참조하자.

STEP 6 마케팅 트렌드를 활용해 노출하기

부록 256쪽의 내용과 동일하니 참조하자.